left handed knitting

左利きさんのための
はじめての棒針編み

佐野純子

はじめに

私は左利きです。

右利きの母から最初に教わったのはかぎ針編みでした。
向かい合わせになって、鏡を見るようにして手の動きを覚えました。

ですが私が思っていた「編み物」は両手に編み棒を持って編んでいるイメージで、
それは「かぎ針編み」ではなく「棒針編み」だということに気づきました。

そこで、かぎ針編みが少しできるようになると、すぐに次は棒針編みを教わることに。

いきおいこんで始めたものの、基本の基本でいきなり挫折。
挑戦しては投げ出す、のくり返しでした。

でもそれは「左利きだから」ではなくて、
当時の私は小学校低学年だったので、少し背伸びした挑戦だったのだと思います。
そんな私に、母はよくつきあってくれたな、と感謝しています。

両手を使って編む棒針編みは、
利き手による違いを感じることが少なく、
左利きさんにとってはむしろ始めやすいかもしれません。

なぜなら仕上がった編み地にはほとんど差がありませんし、
編み図についても、利き手による差は実はそんなにありません。

最初のちょっとしたハードルを超えたら、無限の編み物世界が広がっています。
少しでも興味がわいたら、ぜひページをめくってみてください。

佐野純子

CONTENTS

PART 1 棒針編みの基本のきほん

PART 2 この本で使う基本の編み方

PART 3 How to make

1 エコたわし

How to make
p.66

水だけで汚れを落とせる、
アクリル素材の特性をいかしたエコたわしです。
基本の「表目」「裏目」だけの組み合わせで、
端がそり返らない編み地。
別糸のループがカラーアクセントです。
色の組み合わせを試すのにも最適。

a

b

c

2 コースター

How to make
p.68

a

b

3 ランチョン
マット

How to make
p.69

c

コースターは、エコたわしと同じ編み方です。
ここではウール糸を使用しましたが、
季節によってコットン糸やリネン糸で編んでみても。
ランチョンマットのふちどりは、Ⅰコードをとじつけています。
ふっくらしたふちどりがかわいい。

4

スクエアモチーフのピアス

How to make
p.70

少しの糸で編めるガーター編みの
スクエアモチーフをピアスにしました。
ウエアを編んだ残り糸で、おそろいのピアスを作るなど、
色々な糸で試してみてください。

5

How to make
p.71

カチューシャ

チューブ状になるIコードの編み地をいかして、
カチューシャ用パーツを中に通しています。
配色やリボンの大きさで雰囲気が変わります。

a

b

6

How to make
p.72

ケーブル模様の
レッグウォーマー

「交差編み」「かのこ編み」「ねじり1目ゴム編み」
の模様編みを4本針で輪に編む、
テクニック盛りだくさんのレッグウォーマーです。
編み進めると模様ができていく楽しみが味わえます。
防寒だけでなく、コーディネートのポイントになるアイテム。

7

How to make
p.74

リブニットキャップ

伸縮性が高い「2目ゴム編み」のニット帽は、リブが太めで、
男女問わず誰にでも似合う人気のデザインです。
極太糸を4本針で輪に編むと、
ざくざく、あっという間に編めてしまいます。

8

How to make
p.76

ガーター編みの
ポンチョ＆アームウォーマー

3色の糸を好きな長さで切って結びつないで、
結び目の糸始末はせず、そのままデザインのポイントに。
「ガーター編み」をひたすら編んで作ります。
編み地のかわいい、あったかアイテムです。

How to make
p.78

Iコードのリボン
ガーター編みのリボン

好みの長さに切って結びつないだ糸で編みます。
Iコードのリボンと、ガーター編みのリボン。
どちらも「表目」だけなので気楽に編めます。
リボンにしたりネクタイにしたり、使い道は工夫次第。

10

How to make
p.79

透かし模様の
マーガレット

背の真ん中から袖口に向かって編んでいきます。
モヘヤ糸を使った透かし模様で、
とても軽い仕上がりです。
縁編み部分も、本体と同時に編んでいるので、
袖下をとじ合わせるだけで完成します。

11

ミニマフラー

How to make
p.82

太い部分は極太タイプのモヘヤ糸を「ガーター編み」で、
細い部分は合太タイプのプレーンな糸を「１目ゴム編み」で、
目数の増減なしで太い細いが表現できて面白いです。

12

How to make
p.84

ミニトートバッグ

コロンとした感じのバケツ型に編んだ袋に、
レザー持ち手をとじつけたバッグです。
前後2枚の編み地をとじ合わせた部分が、
袋の伸び防止にもなっています。

13

How to make
p.86

メリヤスボールのガーランド

ボールの色や大きさがそろっていなくても大丈夫。
メリヤスボールは、4本針で輪に編みます。
空いた時間に少しずつ作りためるのがおすすめ。
編む練習にもなります。

14

How to make
p.88

あみぐるみ人形

a イヌ

b イヌ

c 女の子

d ジレ

15 着せ替え服

How to make
p.88

基本のボディーは、イヌも女の子も同じ編み方。
糸の色を変えて動物にしたり、
人形にしたりアレンジしてみてください。
着せ替え服は、イヌ、女の子共通。
市販の1/6サイズのお人形にも着用可能なサイズです。

f カーディガン

e スカート

PART

1

· ·

棒針編みの
基本のきほん

まずは基本の「表目」の編み方をマスターしましょう。
「表目」だけで編み進めると、「ガーター編み」という、
かわいい編み地が編み上がります。

左利きさんの編み物道具について

編み針は「かぎ針」「棒針」とも左右対称形なので、
左利きさんでも一般的に売られている編み針を使います。
左利き専用の道具として必要なのはハサミくらいです。

棒針は先に少し丸みのある尖った針です。
棒針を両手に持って編んでいきます。

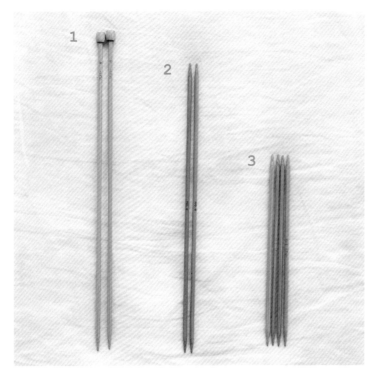

■ 棒針

1 玉つき2本針

棒針の片側に玉がついていて、編んだ目が抜けないようになっています。

2 2本針

針の両端が針先になっていて、どちらでも編むことができます。

3 4本針

レッグウォーマーなど、輪に編むときに使います。作り目を3本に分け、残りの1本で編んでいきます。

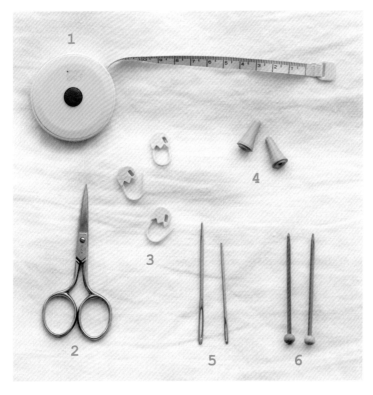

■ その他の道具

1 メジャー

モチーフのサイズを測ったり、目数と寸法を測るときに使います。

2 手芸用はさみ

糸を切るときに使います。

3 目数・段数マーカー

編み目につけて目印に使います。

4 ゴムキャップ

棒針の先につけて、編んでいる目が外れるのを防ぎます。

5 とじ針

先が丸く、糸を通す穴が大きい針。糸始末やモチーフをとじるときに使います。

6 毛糸用まち針

編み地をとじたりするときに使います。糸を割ることなく使えます。

［ この本で使った糸 ］

肌触りのよい冬用の毛糸では、あったかアイテムを、リネンや
コットン素材の糸では、涼しげなアイテムを編むとよいでしょう。

1 メリノスタイル並太（DARUMA）
手編みに最適なメリノウール100％の糸。

2 メリノスタイル極太（DARUMA）
メリノウール100％の太い糸。

3 ウールモヘヤ（DARUMA）
アンゴラ山羊から取れるモヘヤ使用の糸。

4 メランジスラブ（DARUMA）
原毛の状態で染色しているウール100％
の糸。

5 カフェキッチン（DARUMA）
アクリル100％のエコたわし用の糸。

6 カーリーコットン（DARUMA）
撚ってカールしたコットン100％の糸を
リリヤーン状にした糸。

7 ギーク（DARUMA）
糸の芯と吹き出ているウール繊維の色を
変えた糸。

1 ウールロービング（DARUMA）
弾力のある太めのウール100％の糸。

2 ニッティングコットン（DARUMA）
コットン100％のストレートヤーン。

3 リネンラミーコットン並太（DARUMA）
麻素材の清涼感と綿素材のソフト感を
ブレンドした糸。

4 原毛に近いメリノウール（DARUMA）
羊毛に少し撚りをかけただけのウール
100％の毛糸。

5 iroiro Roving（DARUMA）
カラー20色。ウール100％の太い糸。

**6 空気をまぜて糸にしたウールアルパカ
（DARUMA）**
糸の表面がパイル状の軽い毛糸。

7 ラメのレース糸＃30（DARUMA）
ラメの箔を糸にしたレース糸。

糸の出し方

糸玉には中心と外側に糸端があります。中心から糸を出して編むと、編んでいるときに糸玉が転がらないですみます。

そっと中心に指先を入れて、糸端を探します。

1 中心から糸を出すときに、ごそっとかたまりが出てくることがあります。

2 かたまっていても心配はいりません。糸端を探して使いましょう。

ラベルの見方

糸のラベルには、その糸に適する針の号数や、糸の洗濯の仕方などの情報が書かれています。

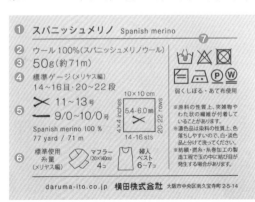

❶ 糸の名称

❷ 糸の素材・品質

❸ 糸玉の１個の重さ・長さ

❹ 標準ゲージ
（10×10cmで編んだときの目数と段数）

❺ 適した棒針とかぎ針の号数

❻ 標準使用で編んだ場合の糸玉の個数

❼ 洗濯をするときの注意点

指でかける作り目

■ 始めに輪を作る

1 糸端を編み地の3〜4倍くらい残して、糸玉側の糸が交点の上にくるように置きます。

糸玉側

2 糸の交点を押さえて輪の中に指を入れます。

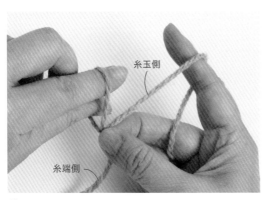

糸玉側

糸端側

3 輪に入れた指で糸をつまみます。

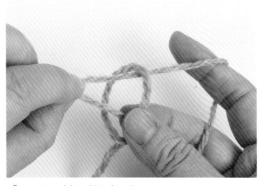

4 つまんだ糸を引き出します。

5 糸を引きしめ、輪を作ります。

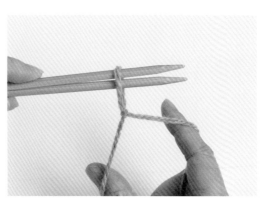

6 できた輪に棒針2本を入れます。

■ 指定の数の作り目を作る

1 糸端側の糸を右手親指に、糸玉側の糸を人さし指にかけます。残りの指で2本の糸をしっかり握り、左手に棒針を持ち、人さし指で糸を押さえます。

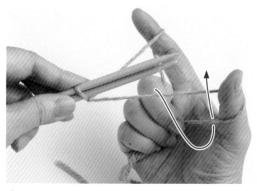

2 矢印のように、親指にかかっている下の糸をすくいあげます。

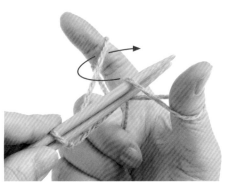

3 すくいあげたところです。次に、人さし指にかかっている糸に矢印のように針をかけます。

4 人さし指にかかっている糸に針をかけました。そのまま矢印の方向に引き出します。

5 引き出したところです。

6 親指にかかっている糸をはずします。

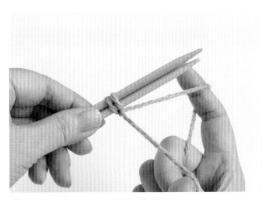

7 糸端と糸を引いて引きしめます。

8 これで2目の作り目ができたところです。

9 2〜7をくり返し、20目の作り目を作ります。

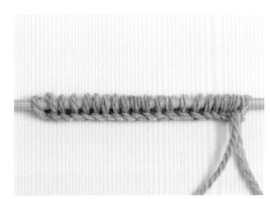

10 棒針を1本抜きます。

編むときの棒針と糸の持ち方

1 糸玉へ続く糸を、右手の小指と薬指の間に挟みます。その糸を右手の人さし指にかけます。

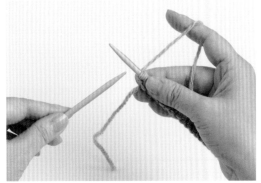

2 右手の人さし指は立てたまま、それ以外の指で針を持ちます。左手でこれから編む棒針を持ちます。

表目で編む　ガーター編み

棒針編みの最も基本となる編み方は「表目」と「裏目」。往復して編む場合、1段めも2段めも表目で編んでいくと、表から見た編み地は表目と裏目が交互になっています。この編み地をガーター編みと呼びます。

—	—	—	—	—	—	—	←6
I	I	I	I	I	I	I	→5
—	—	—	—	—	—	—	←4
I	I	I	I	I	I	I	→3
—	—	—	—	—	—	—	←2
I	I	I	I	I	I	I	→1作り目

■ 表目の編み方

1 指でかける作り目を20目編みます。この作り目が1段めになります。

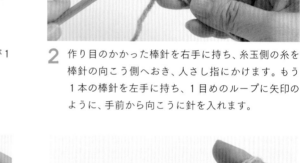

2 作り目のかかった棒針を右手に持ち、糸玉側の糸を棒針の向こう側へおき、人さし指にかけます。もう1本の棒針を左手に持ち、1目めのループに矢印のように、手前から向こうに針を入れます。

3 針先に矢印のように糸をかけます。

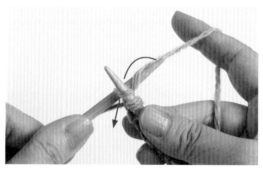

4 糸をかけたら、手前に引き出します。

5 引き出したところ。

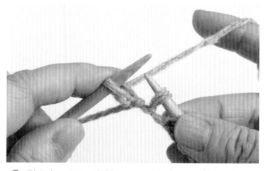

6 引き出せたら、右針から1目の糸をはずします。

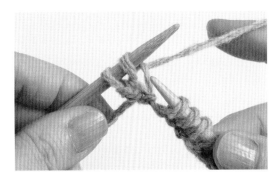

7 2〜6をくり返して2目めが編めたところです。

8 20目編み終わりました。これで2段めが編めました。

9 次の段を編むときは、左右の針を持ち替えます。

10 3段めも同様に表目を編んでいきます。

11 10段編んだところです。

※表も裏も同様の編み地になります。これがガーター編みです。

裏目と表目で編む　メリヤス編み

	表目

「メリヤス編み」は、編み地を表から見ると表目が並んでいます。実際に編むときは、表側を見て編む段は表目、裏側を見て編む段は裏目を編みます。

I	I	I	I	I	I	I	I	I	I	←6
I	I	I	I	I	I	I	I	I	I	→5
I	I	I	I	I	I	I	I	I	I	←4
I	I	I	I	I	I	I	I	I	I	→3
I	I	I	I	I	I	I	I	I	I	←2
I	I	I	I	I	I	I	I	I	I	→1作り目

■ 裏目の編み方

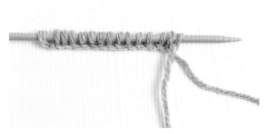

1 指でかける作り目を15目編みました。作り目を1段めとします。

2 2段めは裏を見ながら編んでいきます。糸を針の手前におきます。矢印のように1目めに手前から針を入れます。

3 針を入れたら、矢印のように動かして針先に糸をかけます。

4 針先に糸をかけたところ。矢印のようにかけた糸を引き出します。

5 引き出したところ。

6 右針から1目めをはずします。

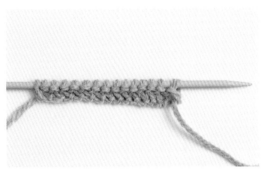

7 2〜6をくり返して裏目を編み、2段めが編み終わりました。

8 3段めは表を見ながら、表目を編みます。糸を針の向こう側へおき、1目めに矢印のように針を入れます。

9 針を入れたら針先に糸をかけ、矢印のように引き出します。

10 右針にかかっている1目めをはずします。

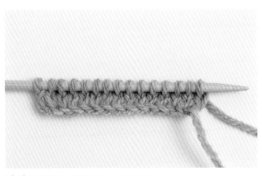

11 3段めが編めたところです。

裏側の編み地です。

12 裏側を見て編むときは裏目、表側を見て編むときは表目を編みながら、20段編みました。

伏せ止め

編み終わりは、棒針からはずした糸がほどけないように止める必要があります。ここでは基本的な「伏せ目」による「伏せ止め」を紹介します。

● 伏せ目

●	●	●	●	●	●	●	●	●		→ 伏せ止め
I	I	I	I	I	I	I	I	I		←6
I	I	I	I	I	I	I	I	I		→5
I	I	I	I	I	I	I	I	I		←4
I	I	I	I	I	I	I	I	I		→3
I	I	I	I	I	I	I	I	I		←2
I	I	I	I	I	I	I	I	I		→1作り目

■ 伏せ目の編み方

1 編み終わったところです。まず、表目を2目編みます。

2 表目を2目編みました。

3 最初に編んだ1目めに右針をさし入れ、ループを引きのばして2目めにかぶせます。

4 2目めにかぶせました。

5 伏せ止めが1目できました。

6 表目を1目編んではかぶせるをくり返します。

7 4目かぶせたところです。

8 端までくり返します。p.40を参照して糸を止めます。

PART

2

· · · · · · · · · · · · · · · ·

この本で使う
基本の編み方

この本では、棒針編みの
ごく基本的な編み方をご紹介します。
むずかしく考えず、気軽にトライしてみましょう。

左利きさん、右利きさんの編んだ編み地について

かぎ針編みの編み目は、左手で編んだ場合と右手で編んだ場合で左右反転
した形になり、編み地を見ればどちらの手で編んだものかがわかります。
一方、棒針編みの場合、編み目は左右どちらの手で編んでも同じ形になる
ので、仕上がった編み地にほとんど差がありません。

棒針編みの編み目

棒針編みの編み目には、「表目」と「裏目」があります。表目と裏目を組み合わせると、メリヤス編みや、ゴム編み、かのこ編みなどの編み地を編むことができます。平面状の編み地を往復して編む場合、表目だけで編み続けるとガーター編みが編めます。

■ 表目

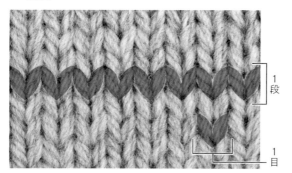

1段

1目

メリヤス編みを例にとって、編み目の解説をします。表から見た「表目」はV字の形をしています。これが「1目」です。横に編み進めるので、横1列を「1段」と呼びます。

■ 裏目

1段

1目

「裏目」はドーナツの半分のような形をしています。これが「1目」です。横に並んでいる部分が「1段」です。

棒針にかかっているループを「ニードルループ」、目と目の間を渡っている糸を「シンカーループ」と呼びます。

シンカーループ

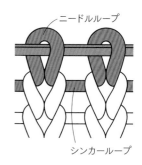

ニードルループ

シンカーループ

棒針編みの編み図

棒針編みの編み図は、基本的には「表目＝□」「裏目＝□」で表されます。メリヤス編みの編み図は下記のようになります。作り目の1段めから始まり、一番上の伏せ止めまで記号で表します。

■ メリヤス編み　編み図での表し方

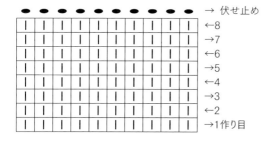

→ 伏せ止め
←8
→7
←6
→5
←4
→3
←2
→1作り目

■ 実際に編んでいる編み目

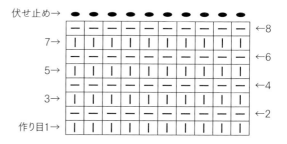

伏せ止め→
←8
7→
←6
5→
←4
3→
←2
作り目1→

編み図は表からの見え方を表しているので、裏を見ながら編む段では、編み図の表記を裏から見た編み目（表目なら裏目、裏目なら表目）で編みます。

ゲージについて

毛糸のラベルにある「標準ゲージ」の「ゲージ」について解説します。「ゲージ」とは、10cm×10cmの編み地の中に、何目×何段あるかを示します。セーターなどサイズが決まっているものを編むときは、ゲージを参考に、サイズ通りに編めるかどうかを判断しましょう。

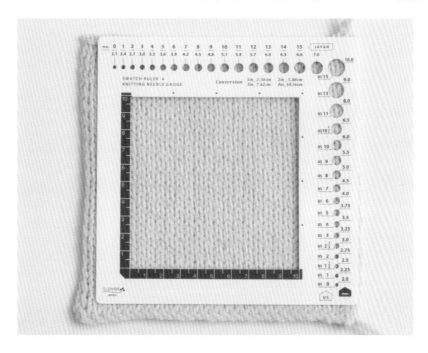

編み目記号

編み図は、編み目記号を使って表します。表目、裏目、伏せ目のほかに、増やし目、減らし目なども記号を使って表します。編み図はいわば設計図。編み目記号に従って編んでいけば、その作品が編めるようになっています。

■ この本で使う編み目記号

編み目記号	名 称	はじめて出てくるページ	編み目記号	名 称	はじめて出てくるページ
		表目	p.26	T	左増し目	p.44
—	裏目	p.28	⼊	左上2目一度	p.48
●	伏せ目	p.30	⼈	右上2目一度	p.48
○	かけ目	p.54	⑩	巻き目	p.46
Ⱶ	右増し目	p.44	Ω	ねじり目	p.39

1目ゴム編み

表目と裏目を1目ずつ交互にくり返して編みます。縦方向に畝(うね)ができ、伸縮性のある編み地です。

●	●	●	●	●	●	●	●	●	●	●	●	●	●	●	→	伏せ止め
I	—	I	—	I	—	I	—	I	—	I	—	I	—	I	←12	
I	—	I	—	I	—	I	—	I	—	I	—	I	—	I	→11	
I	—	I	—	I	—	I	—	I	—	I	—	I	—	I	←10	
I	—	I	—	I	—	I	—	I	—	I	—	I	—	I	→9	
I	—	I	—	I	—	I	—	I	—	I	—	I	—	I	←8	
I	—	I	—	I	—	I	—	I	—	I	—	I	—	I	→7	
I	—	I	—	I	—	I	—	I	—	I	—	I	—	I	←6	
I	—	I	—	I	—	I	—	I	—	I	—	I	—	I	→5	
I	—	I	—	I	—	I	—	I	—	I	—	I	—	I	←4	
I	—	I	—	I	—	I	—	I	—	I	—	I	—	I	→3	
I	—	I	—	I	—	I	—	I	—	I	—	I	—	I	←2	
I	I	I	I	I	I	I	I	I	I	I	I	I	I	I	→1作り目	

1 作り目を15目編んだら、2段めは裏目から編み始めます。糸を手前におきます。

2 裏目を1目編んだところです。次は糸を向こう側において、2目めは表目を編みます。

3 2目めの表目を編んだところです。

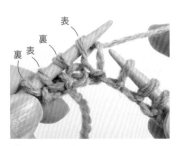

4 裏、表、裏、表と4目編んだところです。

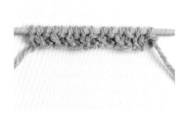

5 2段めが編み終わりました。

6 3段めは表目から編み始めます。

7 表目を1目編んだところです。2目めは糸を手前において裏目を編みます。

8 表、裏、表、裏…と編んで3段めが編み終わりました。

9 1〜8をくり返し、12段編めました。

■ 伏せ止めの仕方

1 1目めは表目、2目めは裏目を編みます。

2 右の針を1目めにさし入れ、矢印のようにかぶせます。

3 かぶせたところです。伏せ止めが1目編めました。

4 次は表目を編みます。

5 右の針を奥の目にさし入れ、矢印のようにかぶせます。

6 2目めをかぶせました。伏せ止めが2目編めました。

7 1～6をくり返します。

8 端まで伏せ止めをします。p.40を参照して糸を止めます。

Point

前段の目と同じ編み目を編み、かぶせます。1目ゴム編みの場合、「表目を編みかぶせる」「裏目を編みかぶせる」をくり返します。

2目ゴム編み

表目と裏目を2目ずつ交互にくり返して編みます。縦方向の畝が1目ゴム編みより太く、伸縮性も高い編み地です。

●	●	●	●	●	●	●	●	●	●	●	●	●	●	●	●	●	●	→ 伏せ止め
I	I	−	−	I	I	−	−	I	I	−	−	I	I	−	−	I	I	←12
I	I	−	−	I	I	−	−	I	I	−	−	I	I	−	−	I	I	→11
I	I	−	−	I	I	−	−	I	I	−	−	I	I	−	−	I	I	←10
I	I	−	−	I	I	−	−	I	I	−	−	I	I	−	−	I	I	→9
I	I	−	−	I	I	−	−	I	I	−	−	I	I	−	−	I	I	←8
I	I	−	−	I	I	−	−	I	I	−	−	I	I	−	−	I	I	→7
I	I	−	−	I	I	−	−	I	I	−	−	I	I	−	−	I	I	←6
I	I	−	−	I	I	−	−	I	I	−	−	I	I	−	−	I	I	→5
I	I	−	−	I	I	−	−	I	I	−	−	I	I	−	−	I	I	←4
I	I	−	−	I	I	−	−	I	I	−	−	I	I	−	−	I	I	→3
I	I	−	−	I	I	−	−	I	I	−	−	I	I	−	−	I	I	←2
I	I	I	I	I	I	I	I	I	I	I	I	I	I	I	I	I	I	→1作り目

1 18目作り目をして、2段めは裏目から編み始めます。

2 裏目を2目編みました。

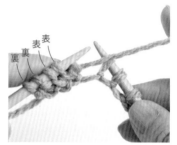

3 次は表目を2目編みました。

4 裏目2目、表目2目をくり返して端まで編みます。

5 3段めは表目から編み始めます。

6 表目2目編みました。

7 次に裏目を2目編みます。

8 表目2目、裏目2目をくり返して編み、端まで編みます。

9 12段編めました。

■ 伏せ止めの仕方

1 表目を2目編みます。

2 1目めに右針をさし入れ、矢印のようにかぶせます。

3 かぶせたところです。次は裏目を編みます。

4 裏目を編みました。

5 奥の目に右針をさし入れ、矢印のようにかぶせます。

6 2目かぶせたところ。次も裏目を編みます。

7 裏目を編みました。

8 奥の目に右針をさし入れ、矢印のようにかぶせます。

Point

前段の目と同じ編み目を編み、かぶせます。2目ゴム編みの場合、「表目を編みかぶせる」を2回、「裏目を編みかぶせる」を2回くり返します。

かのこ編み

表目と裏目を縦横交互に編みます。
表と裏が同じ見た目で、
端がそり返らない編み地です。

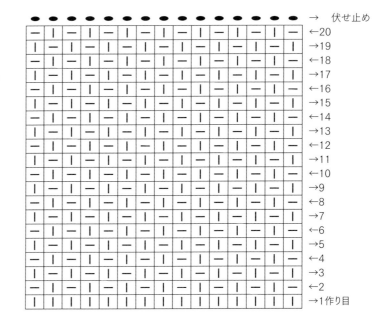

→ 伏せ止め
←20
→19
←18
→17
←16
←15
←14
→13
←12
→11
←10
→9
←8
→7
←6
←5
←4
→3
←2
→1作り目

1 作り目を15目編み、2段めは表編みから編み始めます。

2 表目を編んだら、裏目を編みます。

3 表目、裏目を編んだら、表目を編みます。

4 表目、裏目、表目、裏目の4目編んだところです。

5 同様にくり返し、端まで編みます。

6 編み地を返して、3段めは表目から編み始めます。

7 表目を編んだら、次は裏目を編みます。

■ 伏せ止め

8 表目、裏目を交互に端まで編みました。

9 20段編めました。

かのこ編みの伏せ止めは、前段と逆の編み方で編むときれいに仕上がります。

ねじり1目ゴム編み

1目ゴム編みより、畝（うね）の形が強調される編み地です。ゴム編みの目をくっきり見せたいときによいテクニックです。

●	●	●	●	●	●	●	●	●	●	●	●	●		→ 伏せ止め
Q	−	Q	−	Q	−	Q	−	Q	−	Q	−	Q		←8
Q	−	Q	−	Q	−	Q	−	Q	−	Q	−	Q		→7
Q	−	Q	−	Q	−	Q	−	Q	−	Q	−	Q		←6
Q	−	Q	−	Q	−	Q	−	Q	−	Q	−	Q		→5
Q	−	Q	−	Q	−	Q	−	Q	−	Q	−	Q		←4
Q	−	Q	−	Q	−	Q	−	Q	−	Q	−	Q		→3
I	−	I	−	I	−	I	−	I	−	I	−	I		←2
I	I	I	I	I	I	I	I	I	I	I	I	I		→1作り目

1 矢印のように後ろ側から針を入れます。

2 針を入れたところ。

3 表目を編みます。

4 表目を編んだところ。次はふつうに裏目を編みます。

5 裏目を編んだところです。

6 また、後ろ側に針を入れます。

7 表目を編みます。

8 表目を編んだところです。
Point 後ろ側に針を入れることで、目がねじれています。

9 同様に1～5をくり返し、8段編みました。

■ 伏せ止め

伏せ止めは1目ゴム編みと同様に止めます。

糸の止め方　編み終わった後の糸の止め方です。

1 編み終わりました。

2 最後の目のループを大きく引き上げます。

3 糸端が15cm程度残るように糸を切ります。

4 糸端をループに通します。

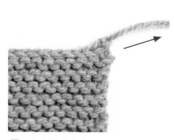

5 糸を引きます。

糸始末の仕方

1 とじ針に糸端を通し、編み目をくぐらせます。

2 何目かくぐらせます。

3 4～5目くぐらせたら、戻ります。

4 ぎりぎりのところで糸を切ります。

4本棒針で輪に編む

作り目を3本の編み棒に分け、もう1本の針で編んでいきます。
輪の状態に編みあがります。

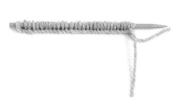

1 30目の作り目を編みます。

2 1本の棒針に1目ずつ移していきます。

3 10目移しました（これを①とします）。

4 もう1本の棒針にも10目移します。

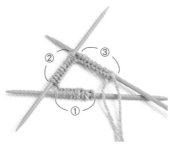

5 3本の棒針に①、②、③と10目ずつ移せました。

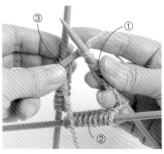

6 ①の針を右手に持ち、4本めの針を左手に持って編んでいきます。

7 ①の針の1目めに表目1目編めました。

8 5目編んだところです。

9 ぐるぐる編み進め、5段編みました。

Ⅰコード

Ⅰコード（アイコード）は、少ない目数で同じ方向に表目を編んでいくと、筒状になっていく編み地です。針は玉のついていないもの（両側とも先がとがったもの）を2本使用します。

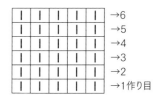

					→6
Ⅰ	Ⅰ	Ⅰ	Ⅰ	Ⅰ	→6
Ⅰ	Ⅰ	Ⅰ	Ⅰ	Ⅰ	→5
Ⅰ	Ⅰ	Ⅰ	Ⅰ	Ⅰ	→4
Ⅰ	Ⅰ	Ⅰ	Ⅰ	Ⅰ	→3
Ⅰ	Ⅰ	Ⅰ	Ⅰ	Ⅰ	→2
Ⅰ	Ⅰ	Ⅰ	Ⅰ	Ⅰ	→1作り目

1 作り目を5目作ります。

2 作り目をそのまま、編み棒の左側へずらします。

3 作り目をこの状態で持ち、編んでいきます。

4 作り目の1目めに針を入れて、糸をかけます。

5 表目を編みます。

6 5目編めました。

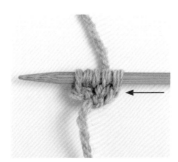

7 また、編み棒の左へ（**6**の反対側）へずらします。この状態で表目を編んでいきます。
Point このように編み地を裏返さずに針の左側へずらして、毎段同じ方向に編みます。

8 15段編んだところです。
Point 目数が少ないので、編んでいくと、だんだん筒状になっていきます。

■ Iコードの糸始末の仕方

1 糸を10cm程度残して切り、とじ針に通します。

2 編み棒にかかっている目をとじ針に移します。

3 目に糸を通します。

4 糸を引き絞ります。

5 ほどけないように2周くらい通します。

6 残った糸は、とじ針をコードの中へ通してから出し、
ぎりぎりで糸を切ります。

増し目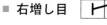

編み地の幅を広げるには、「増し目」をします。
基本的な増し目をマスターしましょう。

I	I	I	⟋	⟋	⟋	⟋	→5
I	I	I	I	I	I	I	←4
I	I	I	I	I	I	I	→3
I	I	I	I	I	I	I	←2
I	I	I	I	I	I	I	→1作り目

■ 右増し目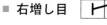

1 前の目の2段下の目に、矢印のように右針を入れて引き上げます。

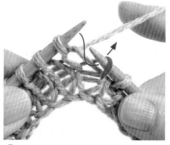

2 1の目を引き上げたところ。矢印のように左針を入れます。

3 左針を入れて糸にかけ表目を編みます。

4 増し目をした次の目を表目で編もうとしているところ。

増えた目

5 次の目が編めたところ。

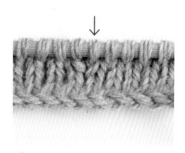

6 矢印の目が増えた目です。

■ 右寄せ目

寄せ目は増し目したことにより、右や左に傾いた目のことで、編み方は表目と同じです。

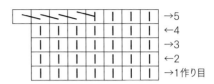

								→5
								←4
								→3
								←2
								→1作り目

■ 左増し目

1 1段下の目に後ろから左針を入れて引き上げます。

2 引き上げた目を右針に移します。

3 右針に移したところです。

4 移した目で表目を編みます。

5 表目を編んだところです。

6 次の目も表目を編みます。

増えた目

7 左増し目が編めました。

8 矢印の目が増えた目です。

■ 左寄せ目

寄せ目は増し目したことにより、右や左に傾いた目のことで、編み方は表目と同じです。

巻き増し目

棒針に編み糸を巻きつけて目を増す方法です。
編み進めている段の終わりで増します。

I	I	I	I	I	I	I	I	I	I	I	I	→5
ω	ω	ω	ω	ω	I	I	I	I	I	I	I	←4
				I	I	I	I	I	I	I	I	→3
				I	I	I	I	I	I	I	I	←2
I	I	I	I	I	I	I	I	I	I	I	I	→1作り目

■ 左増し目

1 指に糸をかけ、矢印のように右針を入れます。

2 右針に糸がかかったところ。

3 左の指から糸をはずし。編み糸を軽く引きます。

4 1目の巻き増し目ができました。

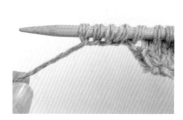

5 同様に4回くり返し、4目の巻き増し目を作ります。

6 作った増し目で次の段を編みます。

7 1目編めました。

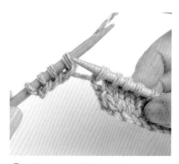

8 増し目分を編みました。

9 続けてその段を編み進めます。

```
| | | | | | | | | | | | | | ←6
| | | | | | | | ⊗ ⊗ ⊗ ⊗ →5
| | | | | | | | ←4
| | | | | | | | →3
| | | | | | | | ←2
| | | | | | | | →1作り目
```

■ 右増し目

1 指に糸をかけ、矢印のように右針を入れます。

2 右針に糸がかかったところ。

3 左の指から糸をはずし、編み糸を軽く引きます。

4 1目の巻き増し目ができました。

5 同様に4回くり返し、4目の巻き増し目を作ります。

6 作った増し目で次の段を編みます。

7 1目編めました。

8 増し目分を編みました。

9 続けてその段を編み進めます。

減らし目 $\boxed{\diagdown\!\!\!\diagup}$ $\boxed{\diagup\!\!\!\diagdown}$

編み地の幅を狭めるには、「減らし目」をします。
2目を1目に減らす方法を解説します。

I	I	I	$\diagdown\!\!\!\diagup$		I	I	I	→5
I	I	I	I	I	I	I	I	←4
I	I	I	I	I	I	I	I	→3
I	I	I	I	I	I	I	I	←2
I	I	I	I	I	I	I	I	→1作り目

■ 左上2目一度 $\boxed{\diagdown\!\!\!\diagup}$

1 右針の目を、一目左針へ移します。

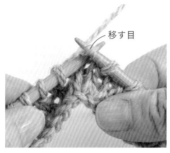

2 左針を前から入れます。

3 左針へ移したところ。

4 次の目に表目を編みます。

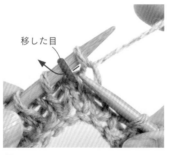

5 矢印の目（**3**で移した目）に右針を入れます。

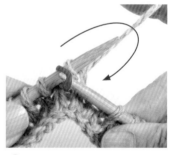

6 右針を入れたら、**4**で編んだ目にかぶせます。

7 かぶせたところ。左上2目一度の完成。

8 矢印のところが左上2目一度。

48

			⋎				→5
I	I	I	I	I	I	I	←4
I	I	I	I	I	I	I	→3
I	I	I	I	I	I	I	←2
I	I	I	I	I	I	I	→1作り目

■ 右上2目一度　⋎

1 矢印のように2目一緒に左針を入れます。

2 2目一緒に左針を入れたところです。

3 表目を編みます。

4 右上2目一度が完成。

5 矢印のところが右上2目一度です。

目の拾い方

編み地の目を拾い、糸を引き出して新たに編み目を作ります。

■ 作り目から目を拾う

1 1目めの端に針を入れます。

2 針に糸をかけます。

3 引き出します。

4 2目めに針を入れ、針に糸をかけます。

5 引き出します。

6 作り目の数と同じ目数を拾います。

■ 段の脇から目を拾う

1 編み地の脇の横に渡っている糸を拾います。

2 針を入れます。

3 糸をかけます。

4 引き出します。

5 2目めを拾います。

6 糸を引き出します。

7 端まで拾いました。

とじとはぎ

2枚の編み地の段と段をつなぎ合わせることを「とじ」、
目と目をつなぎ合わせることを「はぎ」といいます。

■ 目と目のすくいとじ

1 1枚の編み地の裏から作り目を拾い、もう1枚の編み地の作り目を拾います。

2 1枚めの編み地の1目めと2目めのシンカーループをすくいます。

3 2枚めの編み地の1目めと2目めのシンカーループを拾います。

4 交互に編み地をすくっていきます。

5 糸を引きしめると、編み地がとじます。

■ メリヤスはぎ

1 伏せ止めの目を拾います。

Point

メリヤスの根本の2本を拾います。

2 もう一方の編み地も同様に、メリヤスの根本の2本を拾います。

3 2枚の編み地を交互に拾ってい
  きます。

4 数目拾ったところ。

5 糸を引きしめると閉じられま
  す。

■ 目と段のはぎ

1 一方の編み地のシンカーループ
  と、もう一方の編み地の伏せ目
  を拾います。

2 左の編み地のシンカーループを
  拾います。

3 右の編み地の伏せ目を拾いま
  す。

4 2枚の編み地を交互に拾ってい
  きます。

5 数目拾ったところです。

6 糸を引きしめると閉じられま
  す。

かけ目　〇

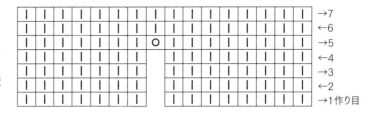

あらかじめ糸を針にかけておきます。次の段でその糸で編みますが、かけ目をしたところに穴があき、透かし模様ができます。1目増えます。

→7
←6
→5
←4
→3
←2
→1作り目

■ かけ目

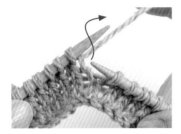

1 かけ目をする手前の目まで編み、矢印のように糸をかけます。

かけ目になる部分

2 左の針に、前から後ろへ糸がかかりました。続けて次の目を編みます。

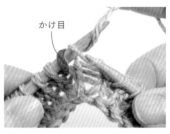

かけ目

3 左針に糸をかけて、表目を編みます。

かけ目

4 糸を引き出します。

かけ目

5 表目が編めました。

6 矢印のところがかけ目です。

■ かけ目をした次の段の編み方

かけ目

1 かけ目をした手前の目まで裏目を編みます。続けて、前段のかけ目に針を後ろからさし入れます。

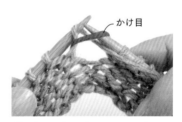

かけ目

2 裏目の編み方で糸を引き出したところです。

3 右針を抜きます。

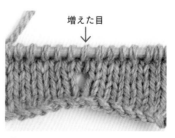

増えた目

4 さらにもう1段編みました。かけ目の部分に穴があき、目数は1目増えました。

6 ｜ ケーブル模様のレッグウォーマー

How to make p.72

■ 交差編み

部分の記号

	←		−		ℓ	−					−				−			ℓ	−			−	←8
			−		ℓ			−					−			ℓ				→7

1 編み図に従って、交差編みの手前まで編みます。

2 なわ編み針に3目とり、休ませます。

3 休ませたなわ編み針を、編み地の向こう側におきます。

4 2目表目を編みました。

5 休ませた3目を右針へ戻します。

6 戻したところ。

7 戻した3目に順に裏目、表目、表目を編みます。

8 続けて端まで編みます。

9 8段編んだところです。交差模様ができ上がりました。

—	—	—	—	—	—	—	—	—	—	—	—	←12
I	I	I	I	I	I	I	ⓌⓌ	ⓌⓌ	ⓌⓌ	I	I	→11
—	—	—	—	—	—	—	●	●	●	—	—	←10
I	I	I	I	I	I	I	I	I	I	I	I	→9
—	—	—	—	—	—	—	—	—	—	—	—	←8
I	I	I	I	I	I	I	I	I	I	I	I	→7
—	—	—	—	—	—	—	—	—	—	—	—	←6
I	I	I	I	I	I	I	I	I	I	I	I	→5
—	—	—	—	—	—	—	—	—	—	—	—	←4
I	I	I	I	I	I	I	I	I	I	I	I	→3
—	—	—	—	—	—	—	—	—	—	—	—	←2
I	I	I	I	I	I	I	I	I	I	I	I	→1作り目

Ⓦ　巻き目

●　伏せ目

■ 袖の穴

1 9段めまで編み、10段めの2目を編みます。

2 続けて3目伏せ止めしました。

3 10段めを端まで編みました。

4 11段めは、10段めの伏せ止めの手前まで編みます。

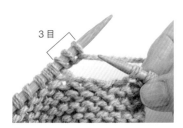

3目

5 3目巻き増し目をします（p.47参照）。

6 残りの2目を編みました。

7 12段めは編み図どおりに編みます。袖の穴ができました。

■ ボタンホールのブランケットステッチ

1 編み終わりの糸を30cmほど残して切ります。

2 糸をとじ針に通し、ボタンの直径分のところに針を刺します。

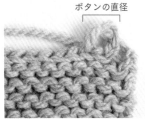

ボタンの直径

3 3本の糸が渡るように往復します。

4 針を入れ、3本の糸をくるむようにブランケットステッチをします。

5 ボタンホールの穴に前から針を入れ、糸を引ききる前にできたループに針を通します。

6 糸を引きます。

7 ブランケットステッチが1つできたところ。

8 くり返して糸の輪をぐるりとブランケットステッチでくるみます。糸端は編み地に通して糸を切ります。

9 ボタンホールのできあがり。

10 | 透かし模様のマーガレット

How to make p.79

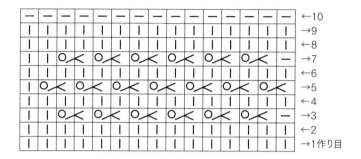

■ 透かし模様

1 まず表目を2目編み、かけ目を します。

2 左上2目一度を編みます。前か ら針を入れます。

3 1目左針に移します。

4 表目を編みます。

5 表目を編んだところ。

6 奥の目に針を入れて、矢印のよ うにかぶせます。

7 かぶせたところです。

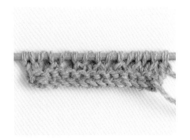

8 くり返して端まで編みます。

9 次の段は裏側を見ながら裏目を1段編みます。

10 穴が6個できました。（編み地の裏から見たところ）

11 次の段は、まず表目を1目編みます。

12 かけ目をします。

13 2～7と同様に左上2目一度を編みます。

14 かけ目、左上2目一度を交互にくり返し、端まで編みました。

15 10段めまで編みました。

13 | メリヤスボールの編み方

How to make p.86

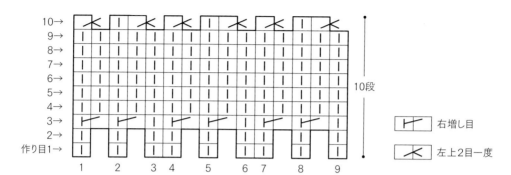

| | 右増し目 |
| | 左上2目一度 |

■ 1段〜3段めの編み方

1 指でかける作り目で9目作ります。

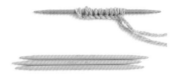

2 4本針で編みます。

3 3目ずつ、3本の針に目を分けます。

4 3目ずつ、3本の針に分けたところ。

5 4本めの針で編みます。

6 作り目の1目めに表目を編みます。

7 1目編めたところ。

8 1周編みました。

9 次の段は右増し目を編みます。

10 1目編みます。

11 前の目の2段下の目を引き上げます。

12 表目を編みます。

13 1目増えたところです。

増えた目

14 右増し目をもう一度編みます。

増えた目

15 表目1目編みます。※3目だったところが、5目に増えました。

16 これを3セットくり返し、3段めが編めました。

■ **4段～9段めの編み方**

1 4段～9段は増減なしで編みます。

2 4段めを編んだところ。

3 9段めまで編みました。

■ 10段めの編み方

1 左上2目一度を編みます。前から左針を入れます。

2 左針に移します。

3 次の目で表目を編みます。

4 2で移した目に右針を入れます。

5 針を入れたら、矢印のようにかぶせます。

6 かぶせました。

7 次は表目1目編みます。続けて左上2目一度を編みます。

8 5目が3目に戻りました。これを3セットくり返して編みます。

9 20cmくらい残して糸を切ります。

■ ボールに形作る

1 残した糸をとじ針に通して、棒針の目にとじ針を通します。

2 全部の目にとじ針を通します。

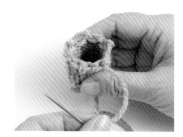

3 棒針がはずれ、残り糸がぐるりと通りました。

4 綿をしっかり硬めに詰めます。

5 とじ針の糸を引いて、口を絞ります。

6 もう一周、ぐるりと最終段の目を拾います。

7 糸を引いて穴をとじます。

8 針を2〜3回中に通します。

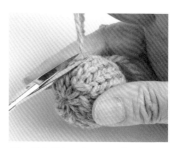

9 ぎりぎりのところで糸を切ります。

10 編み始め側も、糸をとじ針に通して作り目を拾います。

11 糸を絞り、同様に始末します。

12 ボールのでき上がり。

フリンジの作り方

How to make p.74

1 毛糸15cmを二つに折り、フリンジをつけたい場所の編み地にかぎ針を通して引き出します。

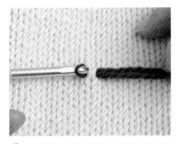

2 かぎ針に引っ掛けて引き出します。

3 引き出したループにかぎ針を通し、糸をかけて引き出します。

4 1つつきました。

5 メリヤス1目ごとに1本のフリンジを目安にして、好みの数を何本かつけます。

6 フリンジの先をカットして長さを調節します。

糸の替え方

1 新しい糸を用意します(糸端は、糸始末用にそれぞれ15cm程度残しておきます)。

2 針を入れたら、新しい糸をかけて編みます。

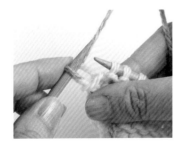

3 新しい糸で1目編めました。

4 続けて編みます。編み終わったら、糸端は交差させて、それぞれ同色の編み地にくぐらせ、糸始末をします。

PART

3

· · · · · · · · · · · · · · · · · · ·

How to make

この本で紹介した作品のレシピです。
簡単で小さなモチーフから、
チャレンジしてみましょう！

· ·

左利きさん、右利きさんの編み図の違いって？

· ·

棒針編みの左利きさん用の編み図は、編む方向を示す
「→」が右利きさんと逆なだけです。
慣れてしまえば、右利きさん用の編み図でも
ほぼストレスなく編むことができます。

1 エコたわし

| Photo p.6 | **a** > きみどり　**b** > ライラック　**c** > ネイビー

[材料]

[糸] カフェキッチン（DARUMA）
　　53 きみどり
　　13 ライラック
　　21 ネイビー　各少々
[針] 8号棒針（2本針）
　　6号棒針（玉のついていないものを2本）
[でき上がりサイズ] 10cm×10cm

[編み方]

1　指でかける作り目で編み図を参照して編み、
　　最終段を伏せ止めします。
2　ループは表目3目、18段のIコードを編み
　　（p.42-43参照）、図を参照してとじつけます。

カフェキッチン（DARUMA）組み合わせ

	たわし部分	ループ
a（きみどり）	53 きみどり	13 ライラック
b（ライラック）	13 ライラック	21 ネイビー
c（ネイビー）	21 ネイビー	53 きみどり

a きみどり

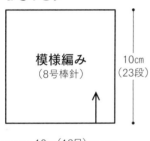

模様編み
（8号棒針）
10cm（23段）
10cm（18目）

b ライラック

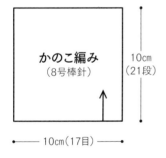

かのこ編み
（8号棒針）
10cm（21段）
10cm（17目）

c ネイビー

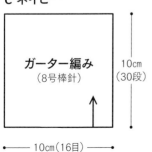

ガーター編み
（8号棒針）
10cm（30段）
10cm（16目）

ループ

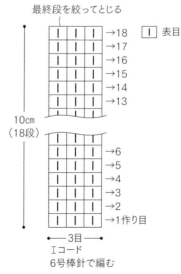

最終段を絞ってとじる

→18
→17
→16
→15
→14
→13

10cm（18段）

→6
→5
→4
→3
→2
→1作り目

□ 表目

3目
Iコード
6号棒針で編む

まとめ方

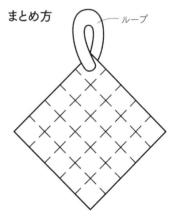

ループ

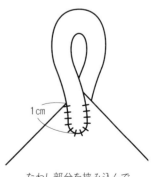

1cm

たわし部分を挟み込んで
とじつける

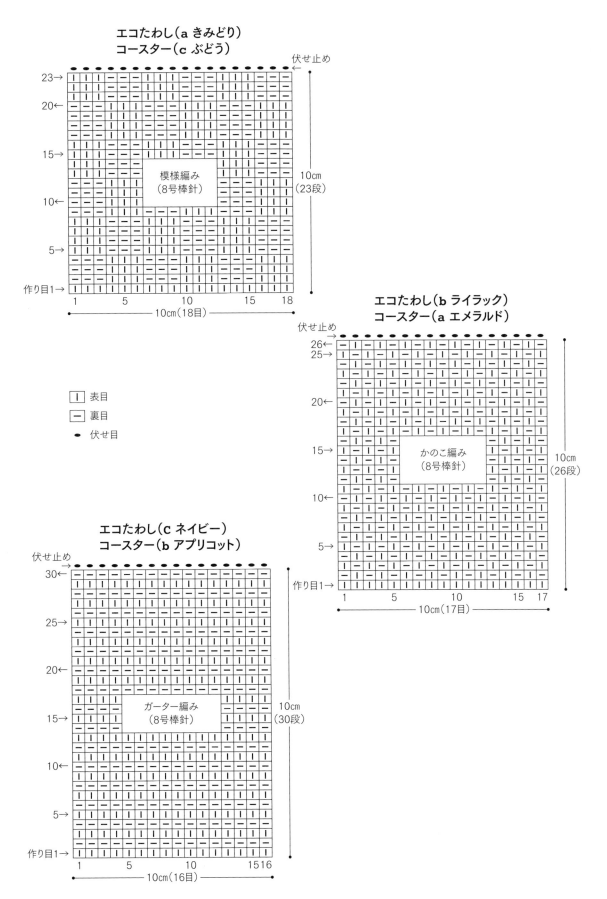

エコたわし（a きみどり）
コースター（c ぶどう）

伏せ止め

23→

20←

15→

10←

5→

作り目1→

模様編み
（8号棒針）

10cm
（23段）

1　　　5　　　10　　　15　　18

10cm（18目）

表目

裏目

伏せ目

エコたわし（b ライラック）
コースター（a エメラルド）

伏せ止め

26←
25→

20←

15→

10←

5→

作り目1→

かのこ編み
（8号棒針）

10cm
（26段）

1　　　5　　　10　　　15　17

10cm（17目）

エコたわし（c ネイビー）
コースター（b アプリコット）

伏せ止め

30←

25→

20←

15→

10←

5→

作り目1→

ガーター編み
（8号棒針）

10cm
（30段）

1　　　5　　　10　　　1516

10cm（16目）

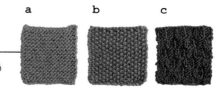

a   b   c

2 | コースター

| Photo p.7 | **a** > エメラルド　**b** > アプリコット　**c** > ぶどう

[材料]

[糸]iroiroロービング（DARUMA）
　　111エメラルド
　　112ぶどう
　　106アプリコット 各少々
[針]8号棒針（2本針）
[でき上がりサイズ]10cm×10cm

[編み方]

1 指でかける作り目で編み図の通りに編み、
　最終段を伏せ止めします。
　※編み図はp.67参照。

a エメラルド

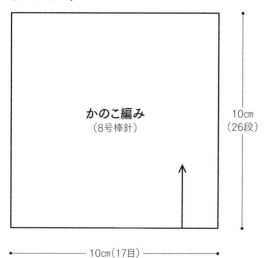

かのこ編み
（8号棒針）

10cm
（26段）

10cm（17目）

b アプリコット

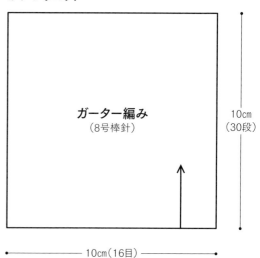

ガーター編み
（8号棒針）

10cm
（30段）

10cm（16目）

c ぶどう

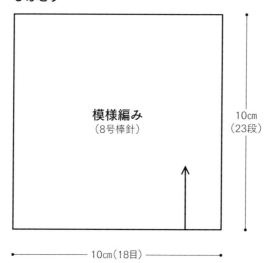

模様編み
（8号棒針）

10cm
（23段）

10cm（18目）

※編み図はp.67

3 ランチョンマット

| Photo p.7 |

[材料]

[糸]iroiroロービング（DARUMA）
　　102オートミール 90 g
　　iroiroロービング（DARUMA）
　　111エメラルド
　　112ぶどう
　　106アプリコット 各少々
[針] 8 号棒針（ 2 本針）
　　6 号棒針（玉のついていないものを 2 本）
[でき上がりサイズ]27cm×37cm

[編み方]

1 指でかける作り目で編み図の通りに編み、最終段を伏せ止めします。

2 ふちどりは111エメラルド、112ぶどう、106アプリコットの 3 色の糸をランダムにカットしてつないだ糸（p.78参照）を使って、3 目のＩコードを120cmの長さに編みます。結び目の糸端は表に出ないようにします。とじ針でとじつけます。

ふちどり

最終段を絞ってとじる

120cm

→6
→5
→4
→3
→2
→1作り目

← 3目 →
Ｉコード
6号棒針で編む

Ｉ 表目

― 裏目

● 伏せ目

ランチョンマット

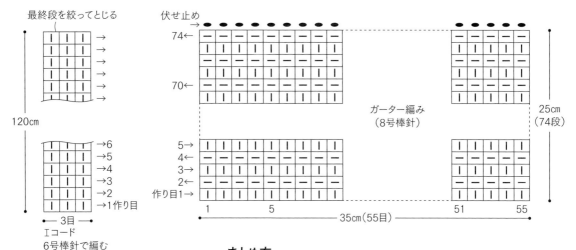

伏せ止め

74←
70←

5→
4←
3→
2←
作り目1→

1　　5　　　　　35cm（55目）　　　51　　55

ガーター編み
（8号棒針）

25cm
（74段）

まとめ方

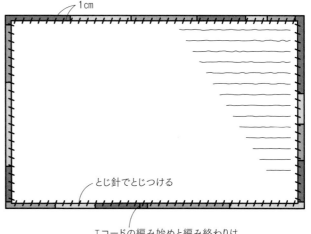

1cm

とじ針でとじつける

Ｉコードの編み始めと編み終わりは
メリヤスはぎでつなぐ

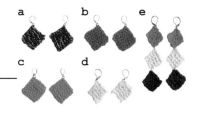

4 スクエアモチーフのピアス

| Photo p.8 |

[材料]

a b c › 大サイズ

[糸] a ウールロービング（DARUMA）8 キャロット
　　 b ニッティングコットン（DARUMA）9 ブラック
　　　 ラメのレース（DARUMA）1 ゴールド
　　　（2本の糸を引きそろえる）
　　 c ギーク（DARUMA）2 ブルー×クロムイエロー　各少々
[針] 4号棒針（2本針）
[でき上がりサイズ] 3.5cm×3.5cm

d › 小サイズ

[糸] カーリーコットン（DARUMA）
　　 2 イエロー　少々
[針] 4号棒針（2本針）
[でき上がりサイズ] 2.2cm×2.2cm

e › 3連タイプ

[糸] リネンラミーコットン並太（DARUMA）
　　 1 ホワイト
　　 8 スカーレット
　　 インディゴブルー　各少々
[針] 3号棒針（2本針）
[でき上がりサイズ] 8.5cm×3.0cm

[その他の材料（共通）] 丸カン　ピアス金具
[その他の道具（共通）] ヤットコ

[編み方]

1　指でかける作り目で編み図の通りに編み、最終段を伏せ止めします。
2　編み目に丸カンを通し、ピアス金具をつけます。

大サイズ
a、b、c共通
ガーター編み 4号棒針（2本針）

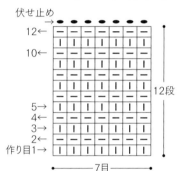

I	表目
一	裏目
●	伏せ目

小サイズ・3連タイプ
d e共通
ガーター編み
dは4号棒針
eは3号棒針

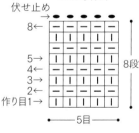

まとめ方

小サイズ d　　　　大サイズ（a b c）

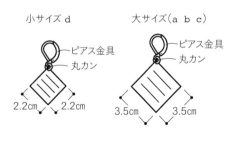

まとめ方
e

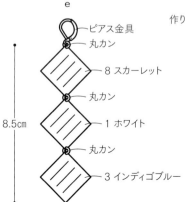

5 ┃ カチューシャ

Photo p.9

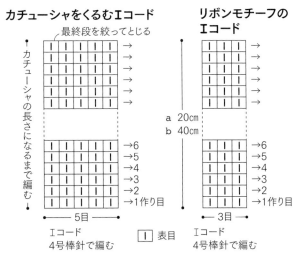
a   b

[材料]

[糸] **a** カチューシャ　ニッティングコットン（DARUMA）
　　　　　　　　　　 3 テラコッタ
　　　 リボン　　カーリーコットン（DARUMA）
　　　　　　　　　　 3 ピーコック　各少々
　　 b カチューシャ　ニッティングコットン（DARUMA）
　　　　　　　　　　 9 ブラック
　　　 リボン　　ニッティングコットン（DARUMA）
　　　　　　　　　　 9 ブラック
　　　　　　　　ラメのレース（DARUMA）
　　　　　　　　　　 1 ゴールド　各少々

[針] 4 号棒針（玉のついてないものを 2 本）
[その他の材料]
　　金属製のカチューシャパーツ
　　（3mm幅、サテンテープ巻き）

[編み方]

1　5 目の I コードをカチューシャパーツ
　 の長さまで編みます（p.42-43参照）。
2　I コードの中にカチューシャパーツを
　 通し、両端を絞ってとじます。
3　リボンモチーフは、3 目の I コードを編
　 み、リボン結びにしてカチューシャに
　 バランスよく配置してとじつけます。

カチューシャをくるむ I コード

最終段を絞ってとじる

カ
チ
ュ
ー
シ
ャ
の
長
さ
に
な
る
ま
で
編
む
↓

→6
→5
→4
→3
→2
→1作り目

─ 5目 ─

I コード
4号棒針で編む

リボンモチーフの I コード

a　20cm
b　40cm

→6
→5
→4
→3
→2
→1作り目

─ 3目 ─

I コード
4号棒針で編む

☐ I ☐ 表目

カチューシャとリボンの配色

	カチューシャ部分	リボンモチーフ	
a	ニッティングコットン 3 テラコッタ	カーリーコットン 3 ピーコック	（20cmのリボンを2個）
b	ニッティングコットン 9 ブラック	ニッティングコットン 9 ブラック ラメのレース糸 1 ゴールド （2本の糸を引きそろえる）	（40cmのリボンを1個）

まとめ方

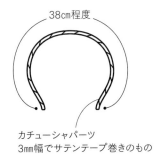

38cm程度

カチューシャパーツ
3mm幅でサテンテープ巻きのもの

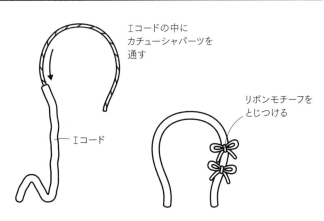

I コードの中に
カチューシャパーツを
通す

I コード

リボンモチーフを
とじつける

6 ケーブル模様の レッグウォーマー

| Photo p.10 |

[材料]

[糸]メリノスタイル極太（DARUMA）
　　A色：314フォレストグリーン 40g
　　B色：315グレー 30g
　　C色：313ダークネイビー 40g
[針] 8号棒針（4本針）
　　6号棒針（4本針）
　　なわ編み針
[でき上がりサイズ]外まわり24cm×長さ34cm
[ゲージ]20目×27段

[編み方]

1 6号棒針を使ってA色の糸で指でかける作り目を48目作り、3本の編み棒に分け、ねじり1目ゴム編みを筒状に12段編みます。(p.39・41参照)

2 針を8号棒針に替えて、続けて模様編みを22段編みます（13段〜34段め）。

3 B色の糸に替えて、模様編みを24段編みます（35〜58段め）(p.55参照)。

4 C色の糸に替えて、模様編みを24段編み（59〜82段め）、針を6号棒針に替えて、続けてねじり1目ゴム編みを10段編み（83〜92段め）、最終段はゆるめの伏せ止めをします。

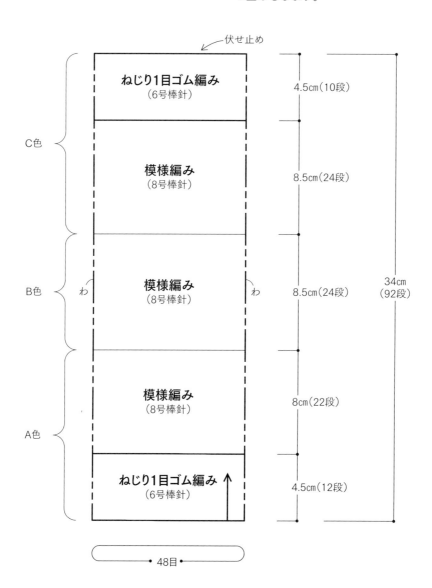

伏せ止め

ねじり1目ゴム編み
（6号棒針）

4.5cm（10段）

C色

模様編み
（8号棒針）

8.5cm（24段）

B色　わ

模様編み
（8号棒針）　わ

8.5cm（24段）

34cm
（92段）

模様編み
（8号棒針）

8cm（22段）

A色

ねじり1目ゴム編み
（6号棒針）

4.5cm（12段）

48目

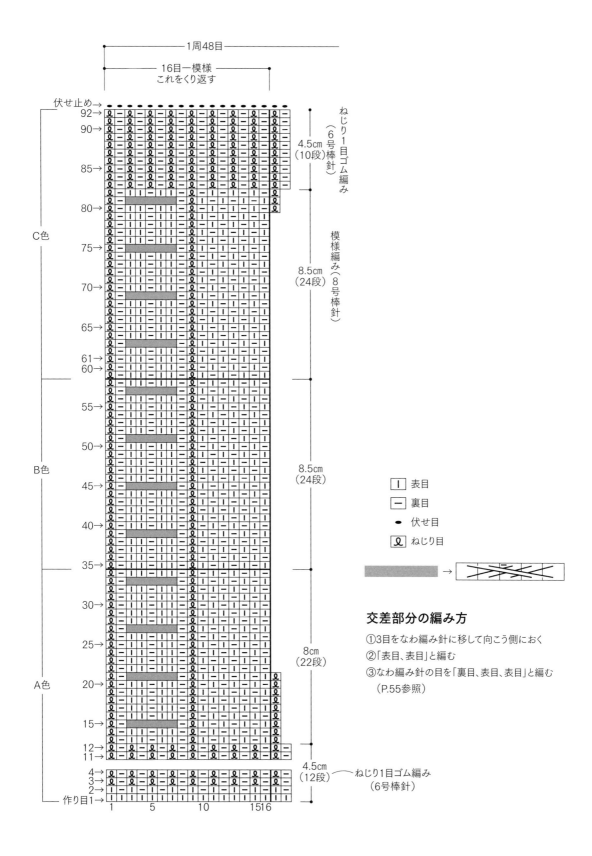

交差部分の編み方

①3目をなわ編み針に移して向こう側におく

②「表目、表目」と編む

③なわ編み針の目を「裏目、表目、表目」と編む

（P.55参照）

凡例

I	表目
-	裏目
●	伏せ目
Ω	ねじり目

7 リブニットキャップ

| Photo p.11 |

a b

[材料]

[糸]**a** メランジスラブ（DARUMA）
　　　A色：4 グラスグリーン 35g
　　　B色：7 ダークグレー 30g
　　　C色：1 きなり 40g
　　b メランジスラブ（DARUMA）
　　　A色：8 レイクブルー 35g
　　　B色：9 ダークオーク 30g
　　　C色：2 コルク 40g
[針]12号棒針（4本針）　8/0号かぎ針
[でき上がりサイズ]頭まわり54〜58cm
[ゲージ]13目×19段

[編み方]

1 A色の糸で指でかける作り目を72目作って3本の編み棒に分け、輪にして、2目ゴム編みで筒状に16段編みます。

2 表目と裏目を反転させて、さらに6段編みます。（17〜22段め）。

3 B色の糸に替えて、続けて18段編みます（23〜40段め）。

4 C色の糸に替えて、続けて10段編みます（41〜50段め）。

5 編み図を参照し、51段めで54目に減らし目し、増減なくさらに3段編みます（51〜54段め）。

6 55段めで36目に減らし目し、増減なくさらに1段編みます（55、56段め）。

7 57段めで18目に減らし目し、増減なくさらに1段編みます（57、58段め）。

8 59段めで9目に減らし目し、その9目に糸を通して絞ってとじます。

9 C色の糸でフリンジ（20cmを50本程度）を8/0号かぎ針で植えつけます（p.64参照）。

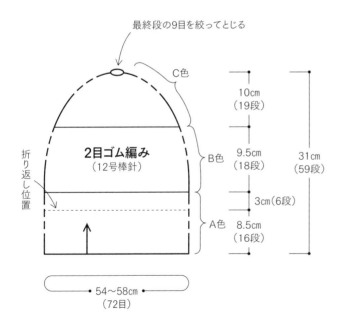

最終段の9目を絞ってとじる

C色

10cm（19段）

9.5cm（18段）

31cm（59段）

3cm（6段）

8.5cm（16段）

B色

A色

2目ゴム編み（12号棒針）

折り返し位置

54〜58cm（72目）

まとめ方

フリンジをキャップのてっぺんに植えつける（P.64参照）

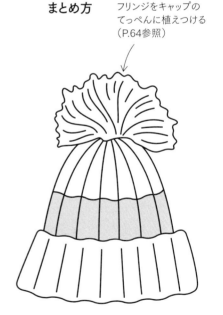

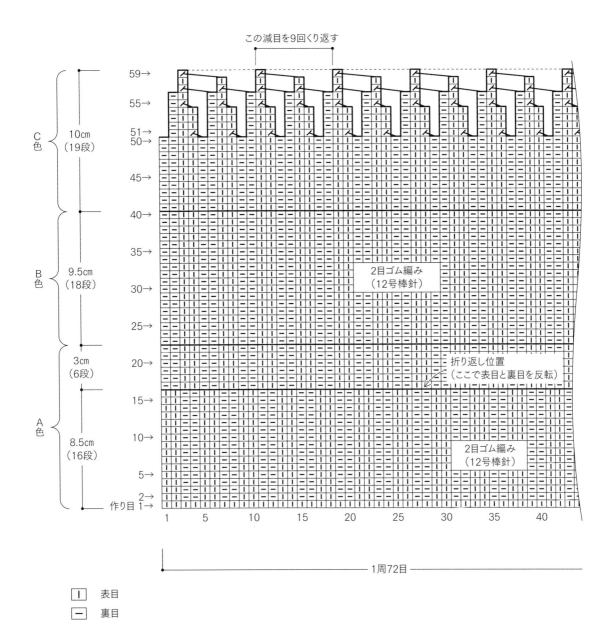

この減目を9回くり返す

59→
55→
51→
50→

45→

40→

35→

30→

25→

20→

15→

10→

5→

2→
作り目 1→

C色　10cm（19段）

B色　9.5cm（18段）

A色　3cm（6段）

8.5cm（16段）

2目ゴム編み（12号棒針）

折り返し位置（ここで表目と裏目を反転）

2目ゴム編み（12号棒針）

1　5　10　15　20　25　30　35　40

1周72目

| | 表目

| − | 裏目

| ／ | 左上2目一度

8 | ガーター編みの ポンチョ＆アームウォーマー

| Photo p.12 |

[材料]

[糸]ギーク(DARUMA)
    2 ブルー×クロムイエロー 90g
    3 グレー×ネオンオレンジ 90g
    5 トマト×ブルー 90g
[針]12号棒針(2本針)
[でき上がりサイズ]
ポンチョ　着丈60cm
アームウォーマー　手のひらまわり24cm
                        長さ35cm
[ゲージ]14目×28段
※それぞれの糸を好きな長さに切って、ランダム
　につなぎます。
※つなぎ方はリボンの作り方参照(p.78)。糸端
　は3〜5cmに切りそろえます。

[編み方]

ポンチョ

1　指でかける作り目を50目作り、ガーター編み
　を180段編み、最終段を伏せ止めします。こ
　れを2枚編みます。

2　まとめ方の図を参照し、目と段のはぎではぎ
　合わせます(p.53参照)。

アームウォーマー

1　指でかける作り目を50目作り、ガーター編み
　を56段編み、最終段を伏せ止めします。これ
　を2枚編みます。

2　筒状になるようにメリヤスはぎではぎ合わせ
　ます(p.52参照)。

ポンチョ(同じものを2枚)

伏せ止め

64cm
(180段)

ガーター編み
12号棒針

35cm(50目)

**まとめ方
ポンチョ**

編み終わり側

編み始め側

目と段のはぎで
はぎ合わせ

50目

100段

アームウォーマー(同じものを2枚)

伏せ止め

20cm
(56段)

ガーター編み
12号棒針

35cm(50目)

アームウォーマー

編み終わり

メリヤスはぎで
はぎ合わせる

編み始め

ポンチョ

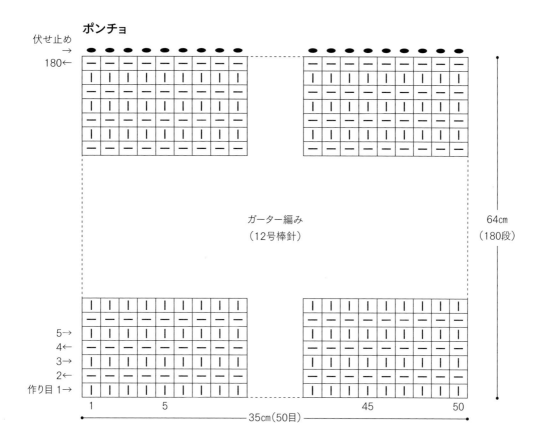

伏せ止め
→
180←

ガーター編み
（12号棒針）

64cm
（180段）

5→
4←
3→
2←
作り目 1→

1   5   45   50

35cm（50目）

アームウォーマー

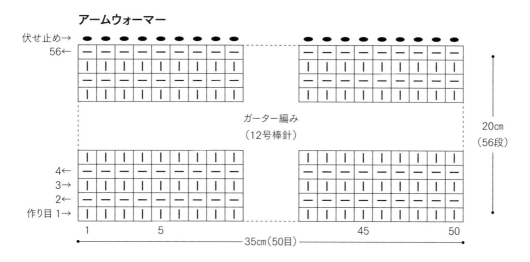

伏せ止め→
56←

ガーター編み
（12号棒針）

20cm
（56段）

4←
3→
2←
作り目 1→

1   5   45   50

35cm（50目）

I	表目
一	裏目
●	伏せ目

9 | Ｉコードのリボン ガーター編みのリボン

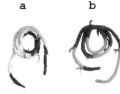

| Photo p.13 | a・b > Ｉコードのリボン　c > ガーター編みのリボン

[材料]

[糸]**a**　ギーク（DARUMA）
　　　5トマト×ブルー
　　　9レモン×コバルトグリーン
　　　2ブルー×クロムイエロー
　　　各少々（全体で10ｇ程度）
　　b　カーリーコットン（DARUMA）
　　　1ミストホワイト
　　　2イエロー
　　　3ピーコック
　　　各少々（全体で5ｇ程度）
　　c　ニッティングコットン（DARUMA）
　　　1きなり
　　　13ハニーマスタード
　　　9ブラック　各少々（全体で20ｇ程度）
　　　※それぞれの糸を適当にカットしてランダ
　　　　ムにつないでおきます。
　　　つなぎ方…2本の糸を引きそろえてひと結
　　　　　　　びします。つなぎ目の糸端は2
　　　　　　　cm程度に切りそろえます。
[針]**a・b**　6号棒針（玉のついていないもの）
　　c　5号棒針（2本針）
[でき上がりサイズ]**a・b**　幅1cm×長さ100cm
　　　　　　　　　　c　幅2cm×長さ120cm

[編み方]

a・b

1　指でかける作り目を4目作ります。
2　編み地を裏返さずに1目めの表目の編み目に、表
　　目を編み入れます（p.42参照）。
3　100cmの長さになるまで編んだら、最終段の目に
　　糸を通して引き絞ってとじます。
4　編み始め側も絞ってとじます。

c

1　指でかける作り目を5目作ります。
2　ガーター編みで120cmの長さまで編めたら、最終
　　段を伏せ止めします。

糸のつなぎ方

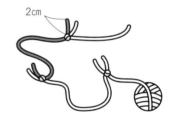

2cm

a、b

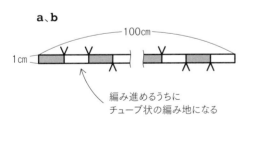

100cm

1cm

編み進めるうちに
チューブ状の編み地になる

c

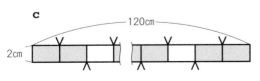

120cm

2cm

a、b Ｉコードのリボン　　**c ガーター編みのリボン**

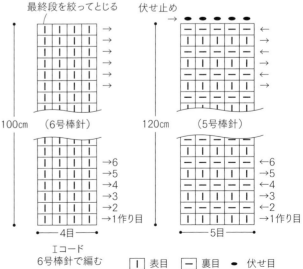

最終段を絞ってとじる

伏せ止め

100cm（6号棒針）　　120cm（5号棒針）

→6
→5
→4
→3
→2
→1作り目

←6
→5
←4
→3
←2
→1作り目

4目　　　5目

Ｉコード
6号棒針で編む

| Ｉ 表目 | － 裏目 | ● 伏せ目 |

10 透かし模様のマーガレット

| Photo p.14 |

[材料]

[糸] ウールモヘヤ（DARUMA）
　　1 きなり 190g
[針] 10号棒針（ 2 本針）　 8 号棒針（ 2 本針）
[でき上がりサイズ]
　　着丈60㎝　ゆき丈80㎝
[ゲージ] 13目×20段（模様編み）

[編み方]

1　背中心から編み始めます。10号棒針で指でかける作り目を77目作り、編み図を参照して70段めまで編みます（p.58-59参照）。

2　71段め、72段めで両端を 5 目ずつ伏せ止めし、67目にして130段めまで編みます。131段めで67目を36目に減らし目し、132段めは増減なしで編みます。

3　 8 号棒針に替えて133段め〜160段めは 1 目ゴム編みを編み、ゆるめに伏せ止めします（前段と同じ編み方をしながら伏せ止めします）。これで半身分が編めました。

4　作り目から77目拾い、上の半身分と同様に、残り半身分を編みます。

5　袖下は、図を参照し、すくいとじとメリヤスはぎで、とじはぎをします（p.52-53参照）。

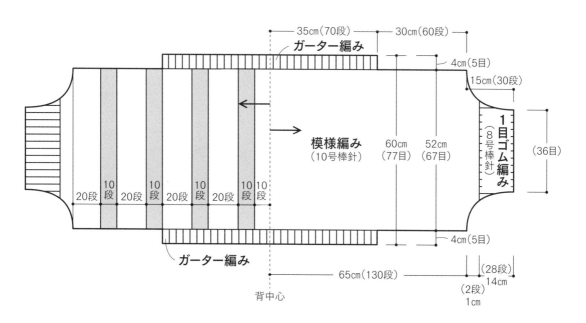

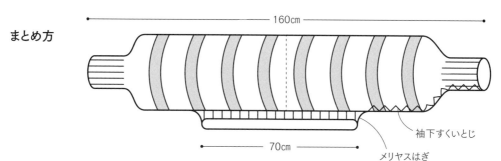

まとめ方

※P.81へ続く

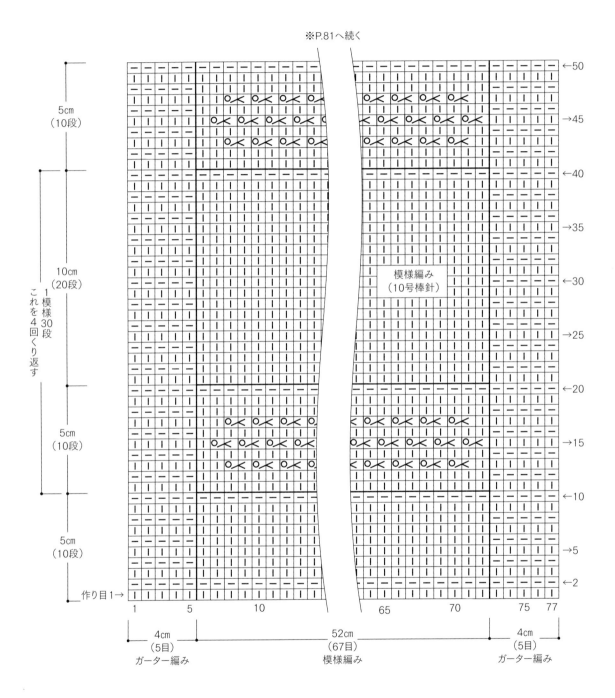

5cm
（10段）

10cm
（20段）

1模様30段

これを4回くり返す

5cm
（10段）

5cm
（10段）

作り目1→

←50

→45

←40

→35

←30

→25

←20

→15

←10

→5

←2

模様編み
（10号棒針）

1　　　　5　　　　10　　　　　　　　65　　　　70　　　　　75　　77

4cm
（5目）
ガーター編み

52cm
（67目）
模様編み

4cm
（5目）
ガーター編み

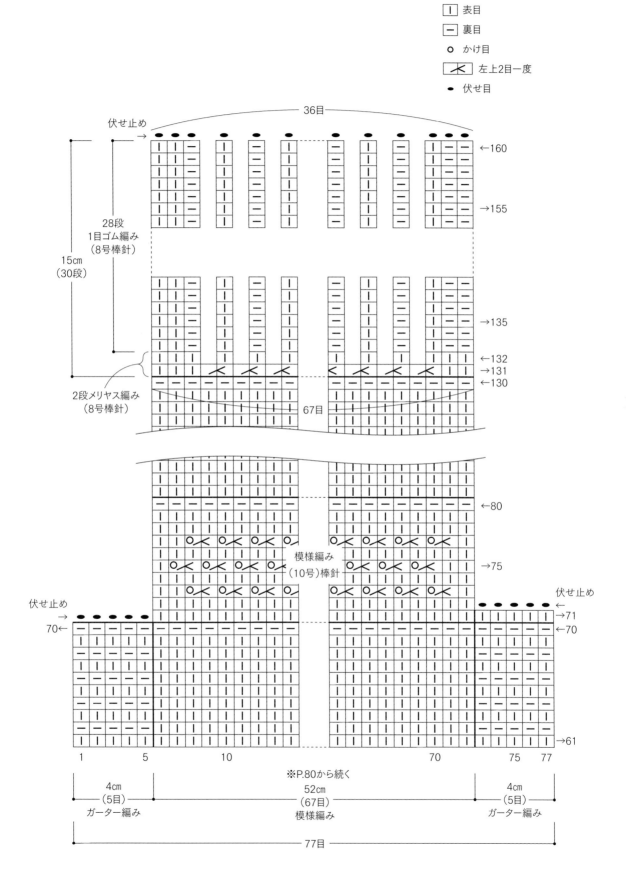

※P.80から続く

11 | ミニマフラー

Photo p.15

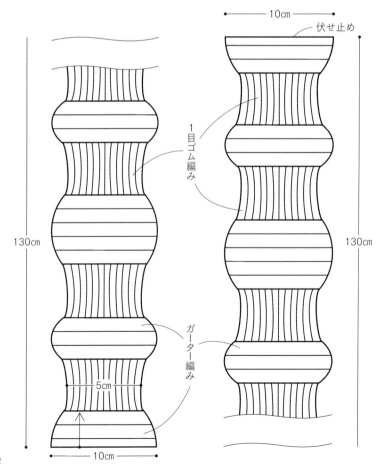

[材料]

[糸] **a** ウールモヘヤ（DARUMA）
　　　　13レモン 20g
　　　　空気をまぜて糸にしたウールアルパカ
　　　　（DARUMA）
　　　　12カナリヤ 15g
　　 b ウールモヘヤ（DARUMA）
　　　　9ベビーピンク 20g
　　　　空気をまぜて糸にしたウールアルパカ
　　　　（DARUMA）
　　　　10ネイビー×きなり 15g
[針]10号棒針（2本針）　6号棒針（2本針）
[でき上がりサイズ]幅5〜10cm×長さ130cm

[編み方]

※すべて1本どり。ウールモヘヤは10号棒針、空気を
　まぜて糸にしたウールアルパカは6号棒針で編み
　ます。

1　指でかける作り目を15目作ります。（ウールモヘ
　　ヤ・10号棒針）
2　ガーター編みを好みの段数6〜16段程度編み、
　　糸端を20cm残して糸を切ります。
3　針と糸を替え（空気をまぜて糸にしたウールアル
　　パカ・6号棒針）、編み始めの糸端を20cmとり、
　　1目ゴム編みを好みの段数6〜16段程度編みま
　　す。糸端を20cm残して糸を切ります。
4　糸と針を替えながら、2つの編み地を交互にくり
　　返して編みます。
5　130cmの長さになったら伏せ止めします。
6　糸の切り替え部分の糸端は交差させて、それぞれ
　　同色の編み地に通して目立たないように糸始末
　　します。

10cm

伏せ止め

1目ゴム編み

130cm

130cm

ガーター編み

5cm

10cm

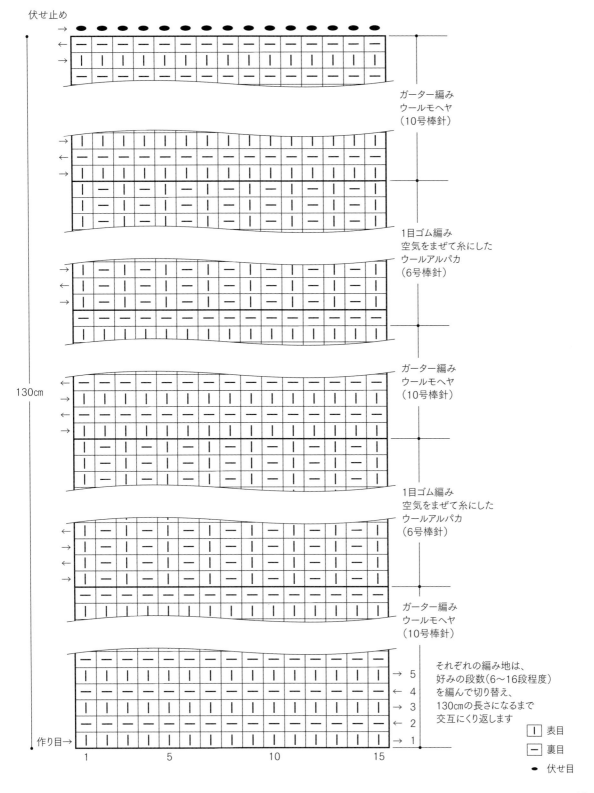

伏せ止め

ガーター編み
ウールモヘヤ
（10号棒針）

1目ゴム編み
空気をまぜて糸にした
ウールアルパカ
（6号棒針）

ガーター編み
ウールモヘヤ
（10号棒針）

1目ゴム編み
空気をまぜて糸にした
ウールアルパカ
（6号棒針）

ガーター編み
ウールモヘヤ
（10号棒針）

130cm

それぞれの編み地は、
好みの段数（6〜16段程度）
を編んで切り替え、
130cmの長さになるまで
交互にくり返します

作り目→

1　5　10　15

5
4
3
2
1

| 表目
— 裏目
● 伏せ目

12 | ミニトートバッグ

| Photo p.16

[材料]

[糸]ウールロービング（DARUMA）
    4 ブルー 120g
    メリノスタイル極太（DARUMA）
    313ダークネイビーなど 少々
    （とじ合わせ用　同系色の丈夫な糸）
[針]8号棒針（2本針）
[その他の材料]
    レザー持ち手2本（幅2cm　長さ40cm）
    グログランリボン（幅2.5cm　長さ80cm）
[その他の道具]
    ぬい糸　ぬい針
[でき上がりサイズ]
    高さ33cm（持ち手除く）　幅38cm
[ゲージ]16目×22段

[編み方]

1　指でかける作り目で62目作り、編み図を参照して、2目ゴム編みを6段（1〜6段め）、続けてメリヤス編みを編みます（7〜50段め）。
　　51〜73段めは減らし目をしながら編み、最終段の8目を絞ってとじます。

2　同じものを2枚編み、すくいとじでとじ合わせます。同系色の丈夫な糸でとじ合わせます。

3　伸び止めのため、バッグの入れ口の内側にグログランリボンをとじつけます。

4　袋の両面にレザー持ち手をとじつけます。

まとめ方

ぬい糸とぬい針で
2.5cm幅のグログランリボンを
とじつける

すくいとじ

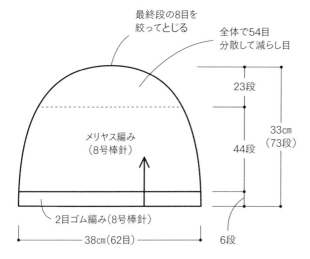

最終段の8目を
絞ってとじる

全体で54目
分散して減らし目

23段

33cm
（73段）

44段

メリヤス編み
（8号棒針）

2目ゴム編み（8号棒針）

38cm（62目）

6段

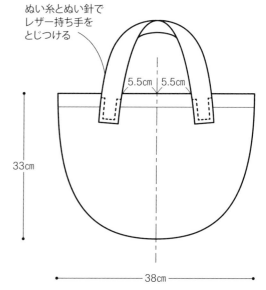

ぬい糸とぬい針で
レザー持ち手を
とじつける

5.5cm | 5.5cm

33cm

38cm

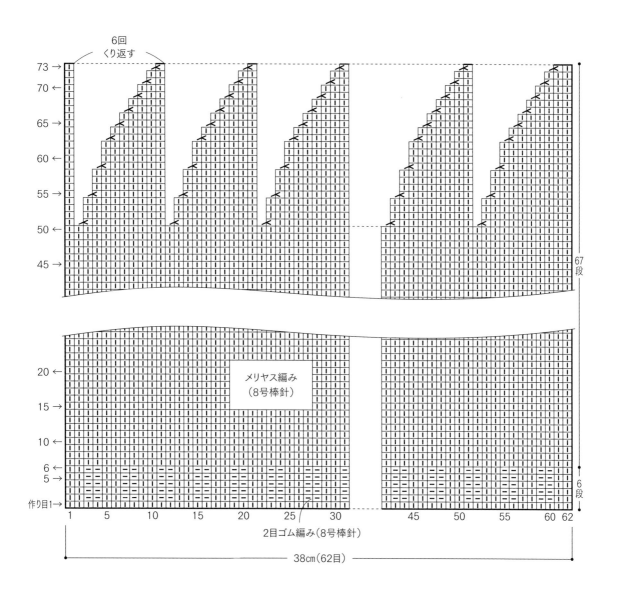

6回
くり返す

73 →
70 ←
65 →
60 ←
55 →
50 ←
45 →

67段

メリヤス編み
（8号棒針）

20 ←
15 →
10
6 ←
5 →

6段

作り目1→

1　　5　　　10　　15　　20　　25　　30　　　45　　50　　55　　60 62

2目ゴム編み（8号棒針）

38cm（62目）

I	表目
一	裏目
人	左上2目一度

| 13 | メリヤスボールのガーランド

| Photo p.17 |

[材料]

[糸]好みの糸
[針]糸の太さに合わせた号数の棒針（4本針）

使用糸と針の号数　例　※すべて4本針
ギーク（DARUMA）（5号棒針）
ウールロービング（DARUMA）（6号棒針）
ニッティングコットン（DARUMA）（3号棒針）
リネンラミーコットン（DARUMA）中細2本ど
り（3号棒針）

[その他の材料]
　吊り下げ用
　ラメのレース糸（DARUMA）
　1ゴールド
　麻ひも110cm
　2.5cm程度の木製ピンチ
　　吊り下げるモチーフの数だけ
　綿 少々

ボールモチーフの編み方

（p.60-63参照）

1 指でかける作り目で9目作ります。（1段め）
2 3目ずつ3本の棒針に分け、三角形なるように棒針を配置し、作り目の1目めに表目を編み入れ、輪につなぎます。（この目は2段めの1目め）
3 2段めは増減なしで9目編みます。
4 3段めは右増し目を2回編み、1目表目を編みます。これを3回くり返します。
5 4段めから9段めは増減なしで表目を編みます。
6 10段目は編み図のように2目一度を編み、表目を編み、2目一度を編みます。これを3回くり返します。
7 最終段の9目に糸端を通して、綿を詰め、絞ってとじます。
8 作り目側もとじ針に糸を通して、目をすくって絞ってとじます。

※綿を詰める編み地は一般的な号数の針より1～2号細い針で編みます。編み目の間から綿が見えないようにするためです。

20～30cmの
ラメのレース糸を2つ折りにする

5cmの糸端を残してひと結び

└─5cm─┘

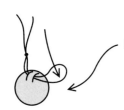

編み目に糸を通して、ループをつける

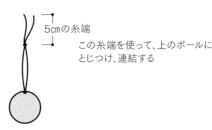

5cmの糸端

この糸端を使って、上のボールにとじつけ、連結する

← 一番上の糸端は1cm程度にカットする

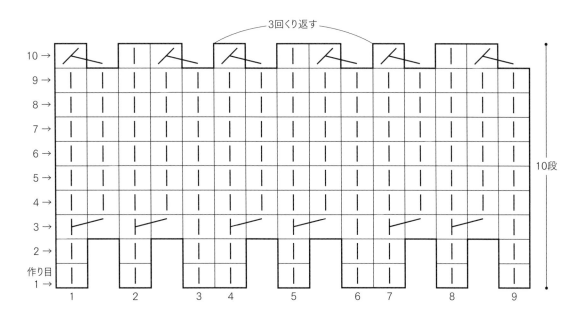

3回くり返す

10 →
9 →
8 →
7 →
6 →
5 →
4 →
3 →
2 →
作り目
1 →

1　2　3　4　5　6　7　8　9

10段

I	表目
I／	右増し目
／I	左上2目一度

段数	目数
10 段め	9 目
9 段め ～ 3 段め	15 目
2 段め	9 目
作り目	9 目

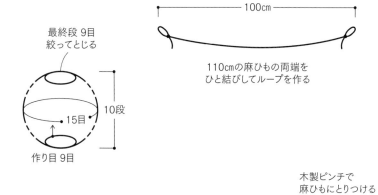

最終段 9目
絞ってとじる

15目

10段

作り目 9目

100cm

110cmの麻ひもの両端を
ひと結びしてループを作る

木製ピンチで
麻ひもにとりつける

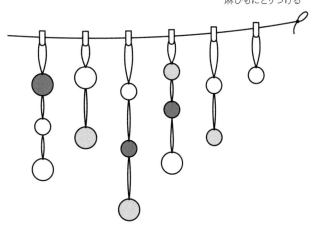

14 | あみぐるみ人形

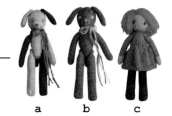

| Photo p.18 | **a・b** > イヌ　**c** > 女の子

a　b　c

[材料]

女の子

[糸] メリノスタイル並太（DARUMA）
　　　23 サンゴ 少々
　　　22 エメラルド 20g（スカート含む）
　　　19 ダークネイビー 少々
　　　21 チョコレート 少々
　　　原毛に近いメリノウール（DARUMA）
　　　19 キャロット 10g

イヌ（ラベンダー）

　　　メリノスタイル並太（DARUMA）
　　　9 ラベンダー 25g

イヌ（2トーン）

　　　メリノスタイル（DARUMA）
　　　16 ミストグリーン 15g
　　　21 チョコレート 10g
[針] 4号棒針（4本針）
[その他の材料]
　　　手足の接続部分のボタン　各4個
　　　目玉用ボタン　各2個
　　　白フェルト直径8mmの円を2枚（女の子のみ）
　　　鼻・口の刺しゅう用毛糸（iroiro）
　　　36 ネーブル
　　　8 レンガ
　　　綿
[その他の道具]
　　　ぬい糸、ぬい針（ボタンつけ、手足の接続用）
[でき上がりサイズ] 体長24cm

[編み方]

1 編み図を参照し、各パーツを編みます。

2 すべてのパーツは、4本針で輪に編む方法で筒状に編みます（p.41参照）

3 頭と胴体、足、手は最終段まで編んだら、綿をしっかり詰め、絞ってとじます（p.60-63参照）。

4 足先は図を参照し、糸を引いてくぼみをつけます。

5 首部分はぐしぬいして、絞ってくびれを作ります。

6 イヌは耳、鼻先、しっぽを編み、綿を詰めてとじつけます。女の子は耳を編み、綿を詰めとじつけます。

7 まとめ方を参照して形づくります。

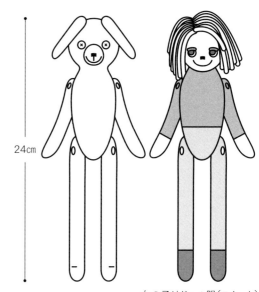

24cm

女の子はドール服（スカート）
（p.93）を22エメラルドで
編み着せる

あみぐるみ人形	メリノスタイル並太	目玉用ボタン	手足用ボタン
女の子	頭、手先……23 サンゴ 袖、胴体……22 エメラルド パンツ、足 …19 ダークネイビー ブーツ ………21 チョコレート	直径 7mm 茶色 2 個	直径 7mm 手…緑 2 個 足…黒 2 個
イヌ（ラベンダー）	すべて…9 ラベンダー	直径 9mm 水色 2 個	直径 7mm 水色 4 個
イヌ（2トーン）	頭と胴体、鼻先、右耳、左手、右足 …16 ミストグリーン 左耳、右手、左足、しっぽ …………21 チョコレート	直径 9mm オレンジ 2 個	直径 7mm 茶色 2 個 水色 2 個

頭・胴体

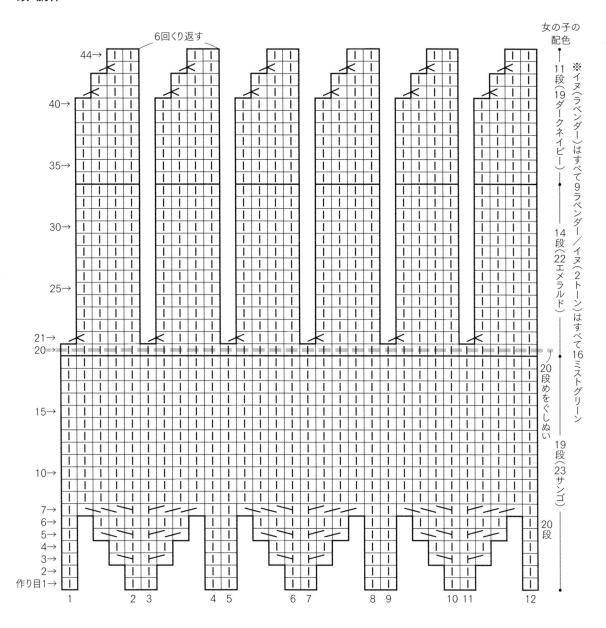

6回くり返す

44→ 40→ 35→ 30→ 25→ 21→ 20⇒ 15→ 10→ 7→ 6→ 5→ 4→ 3→ 2→ 作り目1→

1 2 3 4 5 6 7 8 9 10 11 12

女の子の配色

※イヌ（ラベンダー）はすべて9ラベンダー／イヌ（2トーン）はすべて16ミストグリーン

11段（19ダークネイビー）
14段（22エメラルド）
19段（23サンゴ）

20段めをぐしぬい

20段

凡例

I	表目
⊢	左増し目
／	左寄せ目
⊣	右増し目
＼	右寄せ目
⋉	左上2目一度

※寄せ目は増し目したことにより、右や左に傾いた目のことで、編み方は表目と同じです。

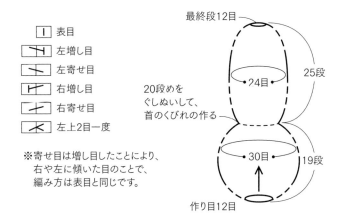

最終段12目
25段
・24目・
20段めをぐしぬいして、首のくびれの作る
・30目・
19段
作り目12目

段数	目数
43、44 段め	12目
41、42 段め	18目
40 段め〜21 段め	24目
20 段め〜7 段め	30目
5、6 段め	24目
3、4 段め	18目
2段め 作り目	12目

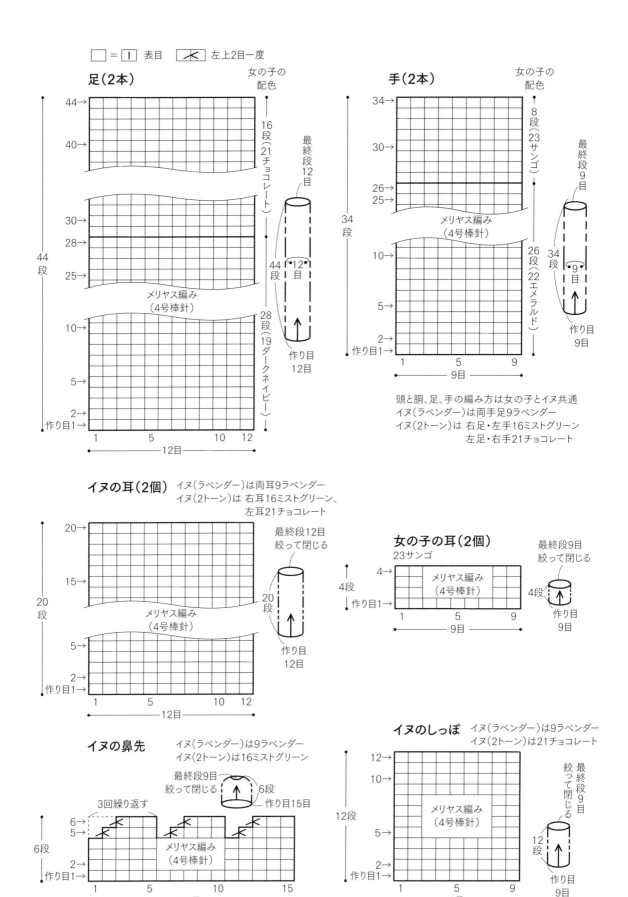

□ = | 表目　　左上2目一度

足(2本)　女の子の配色

手(2本)　女の子の配色

頭と胴、足、手の編み方は女の子とイヌ共通
イヌ(ラベンダー)は両手足9ラベンダー
イヌ(2トーン)は 右足・左手16ミストグリーン
　　　　　　　左足・右手21チョコレート

イヌの耳(2個)　イヌ(ラベンダー)は両耳9ラベンダー
　　　　　　　イヌ(2トーン)は 右耳16ミストグリーン、
　　　　　　　左耳21チョコレート

女の子の耳(2個)
23サンゴ

イヌの鼻先　イヌ(ラベンダー)は9ラベンダー
　　　　　　イヌ(2トーン)は16ミストグリーン

イヌのしっぽ　イヌ(ラベンダー)は9ラベンダー
　　　　　　　イヌ(2トーン)は21チョコレート

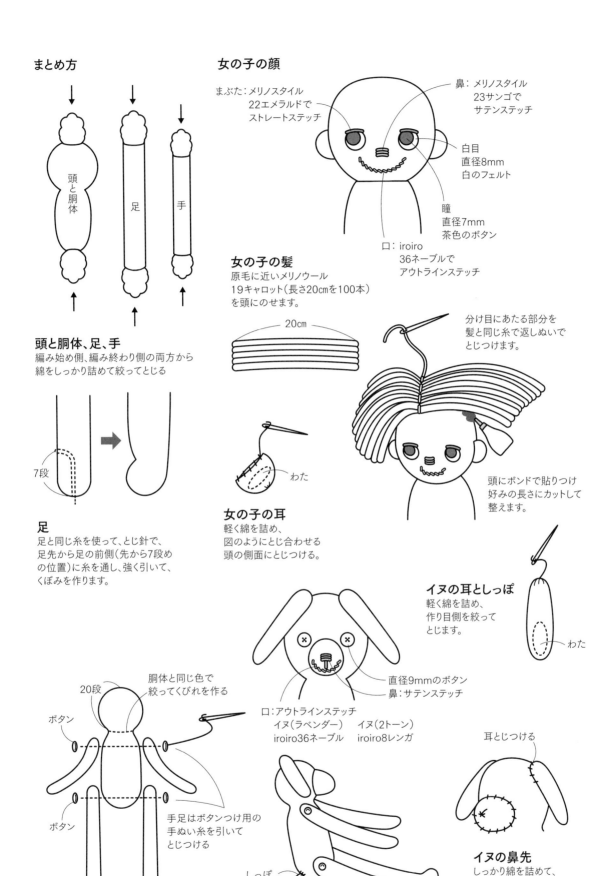

まとめ方

頭と胴体　足　手

頭と胴体、足、手
編み始め側、編み終わり側の両方から
綿をしっかり詰めて絞ってとじる

7段

足
足と同じ糸を使って、とじ針で、
足先から足の前側（先から7段め
の位置）に糸を通し、強く引いて、
くぼみを作ります。

女の子の顔
まぶた：メリノスタイル
　22エメラルドで
　ストレートステッチ

鼻：メリノスタイル
　23サンゴで
　サテンステッチ

白目
直径8mm
白のフェルト

瞳
直径7mm
茶色のボタン

口：iroiro
36ネーブルで
アウトラインステッチ

女の子の髪
原毛に近いメリノウール
19キャロット（長さ20cmを100本）
を頭にのせます。

20cm

わた

分け目にあたる部分を
髪と同じ糸で返しぬいで
とじつけます。

頭にボンドで貼りつけ
好みの長さにカットして
整えます。

女の子の耳
軽く綿を詰め、
図のようにとじ合わせる
頭の側面にとじつける。

イヌの耳としっぽ
軽く綿を詰め、
作り目側を絞って
とじます。

わた

20段

胴体と同じ色で
絞ってくびれを作る

ボタン

ボタン

手足はボタンつけ用の
手ぬい糸を引いて
とじつける

直径9mmのボタン
鼻：サテンステッチ

口：アウトラインステッチ
イヌ（ラベンダー）　　イヌ（2トーン）
iroiro36ネーブル　　iroiro8レンガ

しっぽ
とじつける

耳とじつける

イヌの鼻先
しっかり綿を詰めて、
作り目側を頭の前面に
とじつけます

15-d 着せ替え服　ジレ

| Photo p.18 |

[材料]

[糸]ギーク（DARUMA）
　　9レモン×コバルトグリーン　少々
[針]6号棒針（2本針）
[その他の材料]直径1.2cmのボタン　1個
[でき上がりサイズ]11cm×6cm

[編み方]

1　指でかける作り目を12目作り、ガーター編みを9段編みます。

2　10～11段めで腕を通す穴をあけます（p.56参照）。

3　続けてガーター編みを14段（12～25段め）、26～27段めで腕を通す穴をあけ、続けてガーター編みを9段（28～36段め）編み、最終段を伏せ止めします。

4　編み終わりの糸端を30cm残して切り、この糸でボタンループを作ります（p.57参照）。

5　ボタンを縫いつけます。

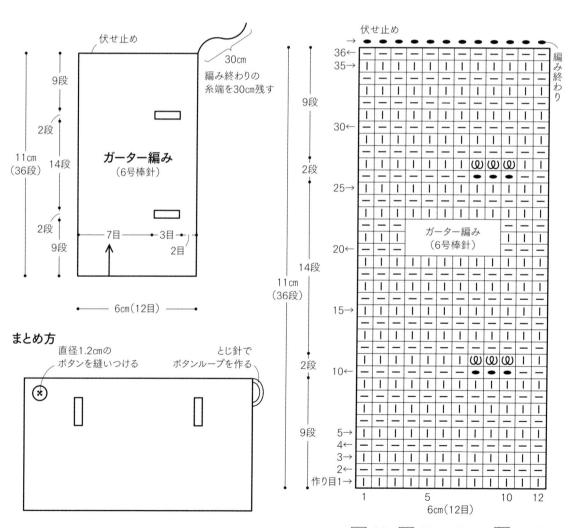

I 表目　　— 裏目　　● 伏せ目　　(Q) 巻き増し目

15-e 着せ替え服 スカート

| Photo p.18 |

[材料]

[糸]メリノスタイル並太(DARUMA)
    22エメラルド 10g
    16ミストグリーン 10g
    17カメリアピンク 10g
    空気をまぜて糸にした
    ウールアルパカ(DARUMA)
    10ネイビー×きなこ 5g
※配色はそれぞれ1色で編みます。
  各色スカート1枚分の分量です。
[針]4号棒針、3号棒針(2本針)
[ゲージ]24目×34段(メリヤス編み)
[でき上がりサイズ]スカート丈7cm
    裾まわり25cm

[編み方]

1 4号棒針で指でかける作り目を60目作り、ガーター編みを4段(1〜4段め)、続けてメリヤス編みを16段(5〜20段め)編みます。

2 編み図を参照し、21段めで2目一度の減らし目をして30目にします。

3 続けて3号棒針に替えて1目ゴム編みを5段編み(22〜26段め)、伏せ止めします。

4 後ろ中心をすくいとじでとじ合わせます。

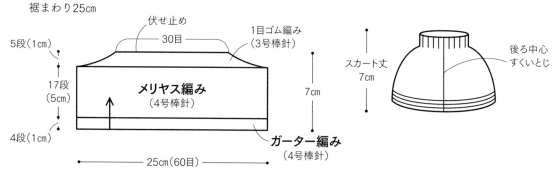

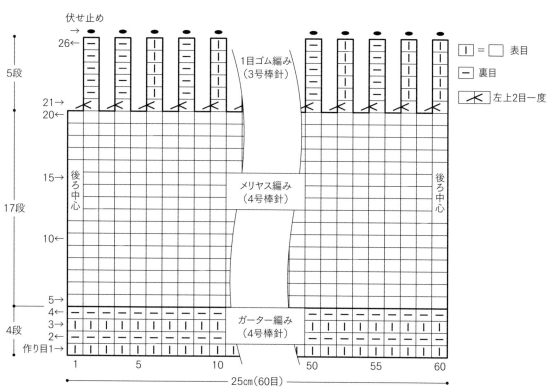

	=		表目
	−		裏目
	╱		左上2目一度

15-f 着せ替え服　カーディガン

Photo p.18

[材料]

[糸]メリノスタイル並太(DARUMA)
 　　4コルク
 　　14インディゴブルー 各10g
 　　空気をまぜて糸にしたウールアルパカ
 　　12カナリア 5g
 ※配色はそれぞれ1色で編みます。
 　各色カーディガン1枚分の分量です。
[針]4号棒針(2本針)
[その他の材料]
 　　直径5mmのスナップボタン
[でき上がりサイズ]
 　　着丈5cm　ゆき丈9cm

[編み方]

1　指でかける作り目を18目作り、1目かのこ編みを10段編み
 　ます(1〜10段め)。
2　11段めは9目編んだら残りの9目は休み目にして、左身頃だ
 　けを18段編み、伏せ止めします(11〜28段め)。
3　休めていた目に新たに糸をつけ、右身頃を18段編み(11〜28
 　段)伏せ止めします。
4　身頃の脇を15目拾って(p.50-51参照)、袖を1目ゴム編みで
 　12段編み、伏せ止めします。
5　袖下をすくいとじでとじ合わせます(両端の半目ずつをすく
 　います)。
6　図のように右身頃から9目、後ろ身頃から17目、左身頃から
 　9目拾い(p.50参照)、1目ゴム編みを4段編み、伏せ止めし
 　ます。
7　スナップボタンをつけます。

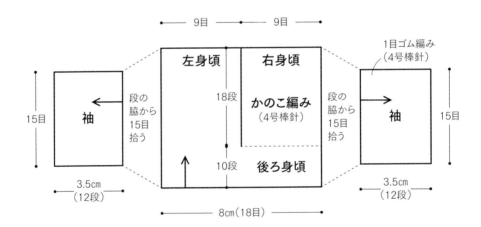

まとめ方

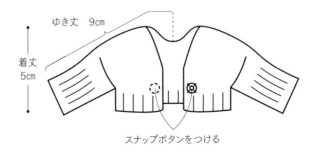

スナップボタンをつける

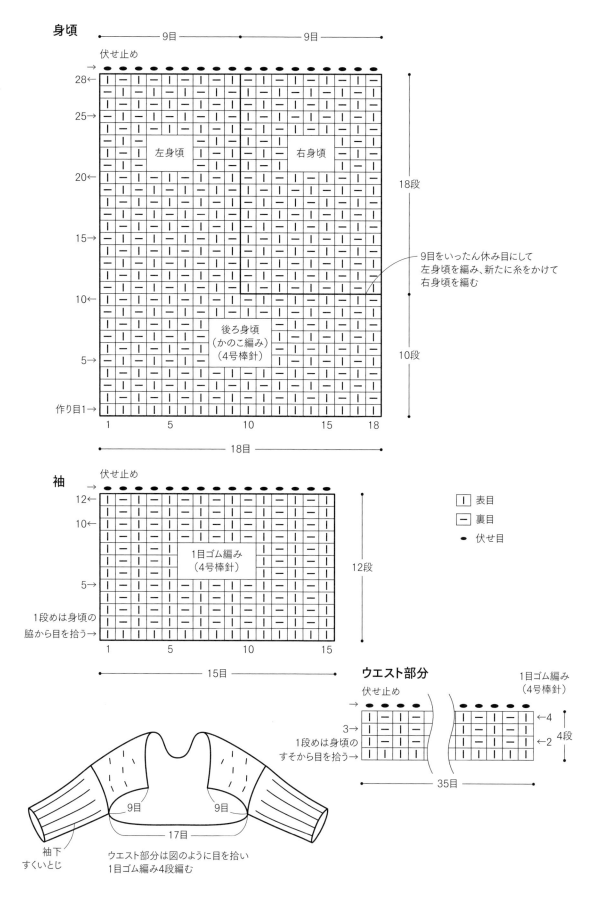

身頃

9目　9目

伏せ止め

28←
25→
20←
15→
10←
5→
作り目1→

左身頃　右身頃

後ろ身頃
（かのこ編み）
（4号棒針）

1　5　10　15　18

18目

18段

10段

9目をいったん休み目にして
左身頃を編み、新たに糸をかけて
右身頃を編む

袖

伏せ止め

12←
10←
5→
1段めは身頃の
脇から目を拾う→

1目ゴム編み
（4号棒針）

1　5　10　15

15目

12段

I　表目
—　裏目
●　伏せ目

ウエスト部分

1目ゴム編み
（4号棒針）

伏せ止め

3→
1段めは身頃の
すそから目を拾う→

←4
←2
4段

35目

9目　9目

17目

袖下
すくいとじ

ウエスト部分は図のように目を拾い
1目ゴム編み4段編む

佐野純子

人形作家。左利き。右利きの母から初めて編み物を習う。
きゆなはれる氏主宰「夢民舎」にてものづくりを、同ニットクラスにて細野雅子氏から編み物を学ぶ。
ニットを中心とした新進クラフト作家の誌上ギャラリーをコンセプトとするミニコミ誌[hao]のメンバーとして活動している。

毛糸編物技能検定1級

インスタグラムアカウント

https://www.instagram.com/junna414funnydolls/

撮　影	白井由香里
スタイリング	西森萌
プロセス撮影	本間伸彦
デザイン	土屋裕子 (株式会社ウエイド　手芸制作部)
編み図トレース	関和之　田村浩子　望月彩加　渡辺信吾 (株式会社ウエイド　手芸制作部)
編み図校正	吉田裕美子(編み物屋さん[ゆとまゆ])
編　集	大野雅代(クリエイトONO)
企画・編集担当	二瓶日向子

[素材提供]

横田株式会社・DARUMA

〒541-0058
大阪府大阪市中央区南久宝寺町2-5-14
TEL 06-6251-2183
http://www.daruma-ito.co.jp

[読者の皆様へ]

本書の内容に関するお問い合わせは
お手紙またはメール(info@TG-NET.co.jp)にて承ります。
恐縮ですが、電話でのお問い合わせはご遠慮ください。
『左利きさんのためのはじめての棒針編み』編集部

※本書に掲載している作品の複製・販売はご遠慮ください。

左利きさんのための
はじめての棒針編み

2023年10月25日　初版第1刷発行

著　者	佐野純子
発行者	廣瀬和二
発行所	株式会社日東書院本社

〒113-0033　東京都文京区本郷1丁目33番13号　春日町ビル5F
TEL:03-5931-5930(代表)
FAX:03-6386-3087(販売部)
URL: http://www.TG-NET.co.jp

印刷所	図書印刷株式会社
製本所	株式会社ブックアート